SOLO

Ein spanisch-deutsches Abenteuer

von Berta Villarino Cirici

Impressum

2., überarbeitete Auflage 2018 Berta Villarino Cirici
www.smile-spanish.com

© 2018
Herstellung und Verlag: BoD – Books on Demand, Norderstedt
ISBN: 9783746088709

Weitere Autoren & Mitwirkende:
Grammatikteil: *Montserrat Varela Navarro*
Übersetzung ins Deutsche, Textlayout: *Maria Muñoz Muñoz*
Grafik Titelseite: © *Reychelle Ann Ignacio* via Canva.com
Layout Cover: *Jordi Fischer*

Lektorat der verschiedenen Textteile:
spanisch: *Paulino Muñoz Muñoz*
deutsch: *Tom Fischer*
Grammatik: *Maria Muñoz Muñoz*

Bibliografische Information der Deutschen Nationalbibliothek:
Die Deutsche Nationalbibliothek verzeichnet diese Publikation
in der Deutschen Nationalbibliografie; detaillierte bibliografische
Daten sind im Internet über http://dnb.dnb.de abrufbar.

VORWORT

Was wäre, wenn?

Folge Martin in sein völlig unerwartet neues Leben mit äußerst ungewöhnlichen Herausforderungen, und lerne dabei ganz nebenher Spanisch.

Martins Abenteuer entspricht der Lernstufe A2 des Europäischen Referenzrahmens.

Das Buch besteht aus zwei Teilen.

Im ersten Teil findest du in elf Kapiteln die eigentliche Geschichte. Auf der jeweils linken Buchseite in Spanisch, auf der rechten in Deutsch. Im Anschluss an jedes Kapitel folgt eine kleine Übung.

Einfache Erläuterungen zur Grammatik sowie Lösungsvorschläge für alle Kapitel sind der Übersichtlichkeit halber im zweiten Teil angesiedelt.

Viel Spannung und Freude beim Schmökern, Durcharbeiten und Lernen

wünschen deine

Berta Villarino Cirici & das SOLO Team

CAPÍTULO 1

A las 6:30h sonó el despertador. Martín lo apagó de un golpe como hacía siempre. Abrió los ojos y observó el techo sobre él: parecía pintado a rayas, como una cebra, por la luz dosificada que la persiana permitía entrar y que daba a la habitación un aspecto familiar y acogedor. Antes de levantarse revisó mentalmente los planes del día: examen de latín a tercera hora, cita con el profesor de matemáticas para hablar de su nota, visita al ortodoncista por la tarde y entrenamiento de básquet a última hora. Un miércoles normal de una semana normal, sin grandes alegrías ni grandes penas.

Se levantó despacio y se dirigió a la ventana, de camino tropezó con el libro de latín que había quedado abierto en el suelo por la página 48... Sí, esa era la página maldita que contenía la interminable lista de vocabulario de la lección 5. La página estaba subrayada, tenía apuntes por todas partes y dibujos en los márgenes, que daban prueba de las muchas horas que Martín la había tenido bajo sus ojos. El chico sintió angustia al ver tal lista interminable de palabras, ¿las recordaría todas en el examen? No dejó que ese pensamiento le llenara de inseguridad, él era un chico positivo, lleno de vitalidad y ganas de hacer cosas; lo del latín no era lo suyo, cierto, pero había que pasar por ello y estaba dispuesto a hacerlo.

1. Kapitel

Um halb sieben klingelte der Wecker. Martin schaltete ihn mit einem Schlag aus, wie er es immer tat. Er öffnete die Augen und betrachtete die Decke über sich: durch das spärliche Licht, das die Jalousie hereinließ, und das dem Raum eine vertraute und gemütliche Atmosphäre verlieh, schien sie in Streifen gestrichen, wie ein Zebra. Vor dem Aufstehen ging er in Gedanken den Tagesplan durch: Lateinschulaufgabe in der dritten Stunde, Termin mit dem Mathelehrer, um über seine Note zu sprechen, Besuch des Kieferorthopäden am Nachmittag und spätnachmittags Basketballtraining. Ein normaler Mittwoch einer normalen Woche. Ohne große Freuden oder große Nervenproben.

Er stand langsam auf und steuerte auf das Fenster zu. Auf dem Weg dorthin stolperte er über das Lateinbuch, das, aufgeschlagen auf der Seite 48, auf dem Boden liegen geblieben war ... Ja, das war die verdammte Seite, welche die endlose Vokabelliste der Lektion Fünf enthielt. Die Seite war unterstrichen und überall mit Notizen und Zeichnungen an den Rändern versehen, ein Beweis für die vielen Stunden, die Martin über ihr gesessen war. Der Junge fühlte Beklemmung beim Anblick dieser endlosen Liste von Worten. Ob er sich wohl während der Schulaufgabe an alle erinnern würde? Dass ihn dieser Gedanke mit Unsicherheit erfüllte, ließ er nicht zu. Er war ein positiver Junge, voller Lebenskraft und Lust, Dinge zu tun. Latein war nicht das Seine, gewiss, aber da musste man eben durch, und er war bereit dazu.

Sin embargo, la angustia volvió a su estómago, ¿por qué? Era algo extraño, pero no había tiempo que perder. Se acercó a la ventana nervioso y subió la persiana con tanta fuerza que la dejó atascada en la parte superior.

«*Joder*, empezamos bien el día», protestó sin hacer ningún esfuerzo por arreglar o cambiar los desperfectos que acababa de ocasionar a la persiana. Se dirigió a su armario, tenía prisa; la ropa estaba desordenada, no había calzoncillos limpios a la vista y era difícil encontrar algo en aquel caos. La angustia volvió a su estómago.

«Pero... ¿qué me pasa hoy?», se preguntó a sí mismo como si en algún rincón de su ser fuera a encontrar la respuesta. Se hacía tarde, pero la extraña luz que ofrecía esa mañana le distrajo de nuevo. Se acercó a la ventana y, olvidando las prisas, se quedó junto al cristal pensativo y mirando el cielo.

Esa mañana ofrecía un rojo extraño y el cielo estaba lleno de pequeñas nubes oscuras, situadas unas junto a las otras, de tal modo que parecían granos de uvas negras. Nunca había visto unas nubes así. Martín olvidó la angustia, el libro de latín, la ropa del armario y las prisas; ese cielo era muy raro y quería fotografiarlo con su nueva cámara.

Trotzdem krochen die Angstgefühle erneut in seinen Magen. Warum bloß? Es war etwas Seltsames, aber es gab keine Zeit mehr zu verlieren. Hektisch trat er ans Fenster und zog die Jalousie mit so viel Schwung nach oben, dass sie im oberen Teil hängen blieb.

"Verdammt noch mal, der Tag fängt ja gut an", protestierte er, ohne sich auch nur im Geringsten zu bemühen, die Panne zu beheben, die er an der Jalousie angerichtet hatte, oder etwas daran zu ändern. Er wandte sich seinem Schrank zu, er hatte es eilig. Die Kleidung darin war unaufgeräumt, saubere Unterhosen waren nicht in Sicht. Es war schwierig, etwas in diesem Chaos zu finden. Von Neuem stieg die Beklommenheit in seinen Magen auf.

"Mann, was ist heute bloß los mit mir?" fragte er sich selbst, als würde er in irgendeinem Winkel seines Seins die Antwort finden. Es war schon spät, aber das sonderbare Licht, das an diesem Morgen herrschte, lenkte ihn erneut ab. Er näherte sich dem Fenster, vergaß die Eile, blieb nachdenklich neben der Scheibe stehen, und betrachtete den Himmel.

Dieser Morgen war von einem seltsamen Rot, und der Himmel war voll von kleinen, dunklen Wolken, eine neben der anderen, so dass sie wie schwarze Weintrauben schienen. Nie zuvor hatte er solche Wolken gesehen. Martin vergaß die Beklemmung, das Lateinbuch, die Klamotten im Schrank und die Eile; dieser Himmel war sehr merkwürdig und er wollte ihn mit seiner neuen Kamera fotografieren.

—Martín, Martín, ¿qué haces aún en tu habitación?, tus amigos te están esperando en la esquina para ir al instituto —gritó su hermana.

Ese grito le devolvió a la realidad, se había hecho tarde, muy tarde, jamás podría alcanzar a sus compañeros de camino. Decidió ir solo al instituto, avisó a sus amigos enviándoles un WhatsApp desde su habitación. Se asomó a la ventana y vio como al cambiar el semáforo los chicos seguían su camino hacia el instituto sin esperarle. Se había quedado solo en casa, iba en pijama, tenía su fantástica cámara entre las manos y continuaba mirando y fotografiando esas nubes tan extrañas.

El libro del latín seguía en el suelo; abierto por la página maldita, le recordó que si seguía haciendo fotos, nadie iba a escribir el examen por él. Dio una patada al libro y se dejó caer en la cama bocarriba, con la cámara en la mano y los ojos fijos en las nubes, estaba mareado y atontado por aquel extraño color rojo que ofrecía la mañana. No conseguía apartar los ojos de esas nubes que parecían hipnotizarle.

El sol salió de repente con mucha fuerza, le cegó los ojos. Se esforzó por aguantar la mirada y mantenerlos abiertos para ver las nubes, pero el sol —tal era su intensidad— llenó toda la habitación de

"Martin, Martin, was treibst du noch so lang in deinem Zimmer? Deine Freunde warten an der Ecke auf dich, um in die Schule zu gehen," rief seine Schwester.

Dieser Ruf holte ihn in die Wirklichkeit zurück. Es war spät geworden, sehr spät, nie würde er seine Weggefährten einholen. Er entschloss sich, alleine zur Schule zu gehen. Er gab seinen Freunden von seinem Zimmer aus Bescheid, indem er ihnen eine WhatsApp sandte. Er trat ans Fenster und sah, dass die Jungs ihren Weg in die Schule fortsetzten, als die Ampel umschaltete, ohne auf ihn zu warten. Zuhause war er allein, lief im Pyjama herum, hatte seine fantastische Kamera in der Hand, und fuhr fort, diese derart eigentümlichen Wolken anzuschauen und zu fotografieren.

Das Lateinbuch lag noch immer auf dem Boden; aufgeschlagen auf der verdammten Seite erinnerte es ihn daran, dass niemand die Schulaufgabe für ihn schreiben würde, wenn er weiter Fotos machen würde. Er versetzte dem Buch einen Tritt und ließ sich rücklings auf das Bett fallen; mit der Kamera in der Hand und die Augen auf die Wolken geheftet. Die seltsam rote Farbe des Morgens machte ihn schwindlig und benommen. Er vermochte es nicht, die Augen von diesen Wolken abzuwenden, die ihn zu hypnotisieren schienen.

Die Sonne trat plötzlich mit großer Kraft hervor, sie blendete seine Augen. Er bemühte sich, den Anblick zu ertragen und sie offen zu halten, um die Wolken zu sehen. Doch die Sonne – so stark war ihre Inten-

blanco. Y Martín seguía mirando el cielo, le quemaban las pupilas, notó como si una corriente eléctrica le inundara y pensó que a través de los ojos se le estaba quemando todo su cuerpo. Un pitido agudo y desagradable se metió de pronto en la habitación, el sonido aumentaba, su intensidad era cada vez más fuerte, entraba en su cuerpo por los oídos al igual que el fuego del sol lo hacía a través los ojos. Las manos le sudaban y el estómago le dio un vuelco, sintió deseos de vomitar, se levantó rápidamente para ir al servició, cayó golpeándose la cabeza y observó un chorro de sangre correr por el suelo. El pitido se apagó, todo se volvió silencioso, el blanco de la luz se hizo negro y una ráfaga de viento arrastró el libro de latín. Este le golpeó en el rostro y quedó manchado de rojo.

Martín pasó horas en el suelo sin poder moverse ni abrir los ojos, cuando de pronto notó humedad en su rostro: su perro estaba lamiéndole la cara. Intentó darse la vuelta pero no lo consiguió y así se quedó allí tumbado junto a su perro. Se vio entonces rodeado de palabras que habían salido del libro y eran casi como los monstruos de un juego de *iPod*: palabras blancas, negras, azules hechas de letras de metal que le golpeaban en la cara una y otra vez cuando abría los ojos o las pronunciaba.

Finalmente, Martín se rindió y dejó de mirar. Se sujetó a su perro y cerró sus ojos tan fuerte como

sität – erfüllte das ganze Zimmer mit Weiß. Und Martin fuhr fort, den Himmel zu betrachten, seine Pupillen brannten, er bemerkte etwas, als würde ihn ein elektrischer Strom überschwemmen, und er dachte, dass durch seine Augen hindurch sein ganzer Körper verbrannte. Ein schrilles und unangenehmes Pfeifen durchdrang das Zimmer plötzlich. Der Ton nahm zu, seine Intensität wurde immer stärker, und drang durch die Ohren genauso in seinen Körper ein, wie es das Feuer der Sonne durch seine Augen tat. Seine Hände schwitzten. Sein Magen drehte sich um und er empfand den Wunsch, sich zu übergeben. Schnell erhob er sich, um ins Bad zu gehen, stürzte, schlug sich dabei den Kopf an und beobachtete, wie ein Spritzer von Blut am Boden entlang lief. Das Pfeifen hörte auf. Alles wurde still. Das Weiß des Lichtes wurde schwarz und eine Windböe riss das Lateinbuch mit sich. Es schlug ihm ins Gesicht und befleckte sich dabei rot.

Martin lag stundenlang auf dem Boden, ohne sich bewegen oder die Augen öffnen zu können, als er plötzlich Feuchtigkeit in seinem Antlitz bemerkte. Sein Hund leckte ihm das Gesicht ab. Er versuchte, sich um zu drehen, aber er schaffte es nicht, und so blieb er dort liegen, neben seinem Hund. Dann sah er sich umringt von Wörtern, die aus dem Buch gefallen waren. Sie waren fast wie die Monster eines Spiels auf dem iPod; weiße, schwarze, blaue Wörter aus Metallbuchstaben, die ihn ein ums andere Mal auf das Gesicht schlugen, sobald er die Augen öffnete oder sie aussprach.

Endlich gab Martin auf und hörte auf, zu schauen. Er hielt sich an seinem Hund fest und schloss seine Au-

pudo. El *iPod* pitó, era el sonido de aviso de una cita: las 16h, hora de la cita con el ortodoncista. Martín se despertó y su perro Bobi le lamió el corte de la cara. Se observó a sí mismo, viéndose aún tumbado en el suelo de su habitación.

—*¡Mierda!*, el examen de latín era a las once...

Miró a su alrededor... el libro de latín... ¡no estaba! Giró la cabeza para mirar al cielo: no había nubes, ni grises ni claras, tampoco se veía el sol, la luz era blanca y el cielo también. No había nada, ni una sombra, ni un pájaro volando, ni la huella de un avión, nada, solo una luz blanca sin sol.

gen, so fest er konnte. Das iPod piepte. Es war der Erinnerungston an einen Termin: der um 16 Uhr beim Kieferorthopäden. Martin wachte auf. Sein Hund Bobi leckte den Schnitt in seinem Gesicht. Er betrachtete sich selbst und sah, wie er noch immer auf dem Boden seines Zimmers lag.

"Scheiße! Die Lateinschulaufgabe war um elf ..."

Er blickte um sich ... Das Lateinbuch ... war weg! Er drehte den Kopf, um den Himmel zu betrachten: keine Wolken, weder graue noch helle. Auch die Sonne war nicht zu sehen. Das Licht war weiß, und der Himmel ebenso. Nichts war da. Nicht ein Schatten. Nicht ein fliegender Vogel. Nicht die Spur eines Flugzeugs. Nichts, nur ein weißes Licht ohne Sonne.

1 – Ejercicio de reflexión

En los siguientes párrafos, encontramos unos verbos que hacen que la acción avance y siga adelante, otros verbos, sin embargo tienen una función exclusivamente descriptiva. Subráyalos en dos colores distintos.

A las 6:30h sonó el despertador. Martín lo apagó de un golpe como hacía siempre. Abrió los ojos y observó el techo sobre él: parecía pintado a rayas…

No conseguía apartar los ojos de esas nubes que parecían hipnotizarle. El sol salió de repente con mucha fuerza, le cegó los ojos. Se esforzó por aguantar la mirada y mantenerlos abiertos para ver las nubes, pero el sol – tal era su intensidad – llenó toda la habitación de blanco…

Finalmente, Martín se rindió y dejó de mirar. Se sujetó a su perro y cerró sus ojos tan fuerte como pudo. El iPod pitó, era el sonido de aviso de una cita: las 16h, hora de la cita con el ortodoncista. Martín se despertó y su perro Bobi le lamió el corte de la cara. Se observó a sí mismo, viéndose aún tumbado en el suelo de su habitación.

CAPÍTULO 2

Martín se levantó despacio, la cabeza le daba vueltas y le temblaban las piernas; se acercó a su cama y sintió ganas de huir. Salió rápidamente de la habitación, bajó las escaleras para llegar al salón y se paró en el pasillo, el teléfono estaba en el suelo, tomó el auricular y comprobó que no había línea. Colgó y descolgó una y otra vez pero la línea no apareció. Una gota de sudor frío bajó por su cara, la impaciencia le invadió y le obligó a moverse.

Se apresuró de nuevo y subió por las escaleras hasta llegar a su habitación, vio su *iPod* en el suelo. La pantalla del aparato estaba iluminada y anunciaba 900 *WhatsApp*, 30 llamadas y 100 mensajes en Instagram... Pulsó las teclas para leer sus mensajes pero el aparato no le mostró nada, la pantalla estaba bloqueada, no cambiaba la imagen y las teclas no funcionaban. La rabia se apoderó del chico y este lanzó su querido *iPod* con fuerza contra el suelo: el cristal de la pantalla se rompió. Martín lo tomó de nuevo entre sus manos y se cortó, pulsó todos los botones pero el aparato no reaccionó.

Con prisas, bajó de nuevo por las escaleras y entró en los dormitorios de la casa: el de sus padres, el de su hermana y el de su abuela; no había luz ni señal eléctrica en ninguno de ellos. Desespera-

2. Kapitel

Martin stand langsam auf. Sein Kopf drehte sich. Seine Beine zitterten. Er näherte sich seinem Bett und verspürte den Drang, wegzulaufen. Schnell verließ er das Zimmer, lief die Treppe hinunter, um in das Wohnzimmer zu gelangen, und hielt im Flur an. Das Telefon lag am Boden, er nahm den Hörer und stellte fest, dass die Leitung tot war. Ein ums andere Mal legte er den Hörer auf und hob ihn wieder ab, aber in der Leitung rührte sich nichts. Ein Tropfen kalten Schweißes lief sein Gesicht herunter, die Ungeduld ergriff ihn und zwang ihn, sich zu bewegen.

Er beeilte sich erneut und lief die Treppe nach oben, bis er in seinem Zimmer ankam. Dort sah er sein iPod auf dem Boden liegen. Der Bildschirm des Gerätes war eingeschaltet und wies auf 900 WhatsApp, 30 Anrufe und 100 Mitteilungen auf Instagram hin ... Er drückte auf die Tasten, um seine Mitteilungen zu lesen, aber das Gerät zeigte ihm nichts an, das Display war hängen geblieben. Die Oberflächengrafik änderte sich nicht und die Tasten funktionierten nicht. Der Zorn überwältigte den Jungen und dieser schleuderte sein geliebtes iPod mit Gewalt zu Boden: die Scheibe des Displays zerbrach. Martin ergriff es erneut und schnitt sich. Er drückte alle Knöpfe, aber das Gerät reagierte nicht.

Hektisch lief er erneut die Treppe hinunter und betrat die Schlafzimmer des Hauses: das seiner Eltern, das seiner Schwester und das seiner Großmutter. Licht oder jegliche andere Anzeichen für Elektrizität gab es in keinem von ihnen. Verzweifelt rannte er in

do corrió al salón, encendió la radio, la televisión... comprobó todos los teléfonos y ordenadores, ninguno ofrecía señal alguna. Por último, entró en la cocina, se metió en todos los baños, abrió el grifo pero no salió agua, apenas cayeron unas gotas marrones gelatinosas.

En la cocina, se acercó a la nevera, le temblaba la mano y un par de gotas de sangre cayeron al suelo, el chico no les prestó atención. Abrió la puerta de la nevera con miedo, la luz no se encendió y gotas de agua fría cayeron al suelo, la comida acumulada en las estanterías ofrecía un aspecto indescriptible. No olía mal ni estaba podrida, pero sí seca y deshidratada. Miró el pollo preparado para la cena y recordó la momia egipcia que había visto en el museo de la ciudad días atrás cuando lo había visitado con el colegio.

«Tantos años hace que este ser no vive, y no se pudre», pensó aquel día en el museo.

Hoy la comida de su frigorífico ofrecía el mismo aspecto, a pesar de llevar tan solo unos días, quizá horas dentro de la nevera.

Salió de casa con la necesidad de respirar aire fresco, Bobi tras él, no había vecinos ni luces en las tiendas, todo parecía estar cerrado. Tomó su bicicleta rumbo al colegio. Los coches estaban pa-

das Wohnzimmer, schaltete dort das Radio ein, den Fernseher ... Er testete alle Telefone und Computer, aber nichts davon rührte sich. Zum Schluss trat er in die Küche, ging in alle Badezimmer, öffnete den Wasserhahn, aber es kam kein Wasser heraus, sondern nur ein paar gelartige, braune Tropfen fielen herab.

In der Küche wandte er sich zum Kühlschrank, seine Hand zitterte, und ein paar Tropfen Blut fielen zu Boden, der Junge beachtete sie nicht. Bang öffnete er die Kühlschranktür, das Licht ging nicht an, und Tropfen kalten Wassers fielen zu Boden, das Essen in den Fächern bot einen unbeschreiblichen Anblick. Es roch weder schlecht, noch war es verfault, wohl aber trocken und dehydriert. Er sah das für das Abendessen vorbereitete Huhn und erinnerte sich an die ägyptische Mumie, die er vor ein paar Tagen bei einem Besuch mit der Schule im städtischen Museum gesehen hatte.

"Seit so vielen Jahren ist dieses Wesen nicht am Leben, und verfault nicht", hatte er an jenem Tag im Museum gedacht.

Heute bot das Essen in seinem Kühlschrank denselben Anblick dar, obwohl es höchstens ein paar Tage oder vielleicht sogar nur Stunden im Kühlschrank gelegen hatte.

Er verließ das Haus mit dem Bedürfnis, frische Luft zu atmen. Bobi lief ihm hinterher. Weder Nachbarn waren zu sehen, noch Beleuchtung in den Geschäften, alles schien geschlossen zu sein. Er nahm sein Fahrrad und fuhr in Richtung Schule. Die Autos stan-

rados en las vías, no circulaban por las calles y a menudo habían colisionado unos contra otros. No había vehículos en movimiento, solo su bicicleta. No había ruidos, ni personas, ni animales, ni tan solo palomas volando por el cielo. Estaban solos, su perro y él, completamente solos. Aceleró y pedaleó con una fuerza extraña, que no sabía de dónde le salía y que no conocía en él.

Llegó al colegio y entró en el edificio. Reinaba el silencio y el desorden: libros dañados, hojas arrugadas, bolígrafos rotos, carpetas vacías, mochilas solitarias y bocadillos secos, todo ello esparcido por el suelo y las mesas. Todo estaba desordenado, olvidado y al parecer abandonado. Martín se sentó en el suelo en medio de aquella soledad, se abrazó a Bobi, cerró los ojos y lloró. Pasó una hora, quizá más, hasta que se atrevió a abrir los ojos de nuevo, pronto empezaría a anochecer.

Se levantó muerto de miedo, fue a su clase y se sentó en su sitio, buscó sus cuadernos y encontró el de matemáticas, lo abrió y vio unos ejercicios pendientes del día anterior y empezó a hacerlos. La extraña luz de ese día se estaba agotando. Martín, fiel a sus ejercicios, seguía trabajando con la esperanza de que cada número que escribía le acercara a la cotidianidad de un día normal. Anocheció, la normalidad no volvió y el cuaderno se hizo ilegible; lo cerró y lo ordenó con cariño.

den auf den Fahrbahnen, fuhren nicht durch die Straßen, und waren oft zusammen gestoßen. Es gab keine Fahrzeuge in Bewegung, nur sein Rad. Es gab weder Geräusche, noch Personen, noch Tiere. Nicht einmal Tauben flogen am Himmel. Sie waren allein, sein Hund und er, völlig allein. Er beschleunigte und trat mit einer merkwürdigen Kraft in die Pedale, von der er nicht wusste, woher sie aus ihm kam, und die er an sich nicht kannte.

Er kam bei der Schule an und betrat das Gebäude. Es herrschten Stille und Unordnung: beschädigte Bücher, zerknitterte Blätter, zerbrochene Kugelschreiber, leere Ordner, einsame Rucksäcke und trockene Brötchen, alles verstreut auf dem Boden und den Tischen. Alles war durcheinander, vergessen und allem Anschein nach verlassen. Martin setzte sich inmitten dieser Einsamkeit auf den Boden, umarmte Bobi, schloss die Augen und heulte. Es verging eine Stunde, vielleicht mehr, bis er sich traute, die Augen wieder zu öffnen. Es würde bald anfangen, dunkel zu werden.

Halb tot vor Angst stand er auf, ging in sein Klassenzimmer und setzte sich an seinen Platz, suchte seine Hefte und fand das für Mathe. Er öffnete es, sah ein paar ungelöste Aufgaben vom Vortag und begann, sie zu bearbeiten. Das merkwürdige Licht dieses Tages begann, sich zu erschöpfen. Martin, seinen Aufgaben treu, arbeitete weiter, in der Hoffnung, dass ihn jede Zahl, die er schrieb, der Alltäglichkeit eines normalen Tages näherbringen würde. Es wurde dunkel, die Normalität kehrte nicht zurück, und das Heft wurde unlesbar. Er schloss es und räumte

Cualquier otro día lo habría dejado tirado por ahí.

Bajaron las escaleras; Bobi y él, ahora ya sin prisas, salieron del edificio y miraron a su alrededor. La oscuridad de la noche daba al lugar un aspecto tranquilo y disfrazaba un poco aquella soledad. Martín montó en su bicicleta, encendió la luz y observó un cielo estrellado. Los coches seguían parados en las calles —tal y como los había visto en su viaje hacia el colegio—, no tenían pasajeros y no circulaban. Las calles, el colegio, la casas, las tiendas estaban vacías. La ciudad era suya.

Paró delante de un supermercado, rompió el cristal de la puerta con una piedra y entró llevando la bicicleta a su lado, con la luz de su *bici* iluminó las estanterías: la fruta y verdura estaban secas, la carne y el queso también; se acercó al pan, tomó un panecillo, tan deshidratado como la momia del museo, y lo mordió, bebió un zumo de naranja que encontró junto al pan, sabía a todo, menos a naranja. Bobi ladró y reclamó así su parte.

Martín le abrió una lata de comida para perros, dentro se hallaba una masa marrón seca, muy seca, que el perro no comió.

—Creo que vas a tener que acostumbrarte, Bobi, es nuestro futuro. —El perro no comió.

es liebevoll auf. An jedem anderen Tag hätte er es sonst wo liegen lassen.

Sie stiegen die Treppe hinunter, Bobi und er, nun ohne Hast, verließen das Gebäude und sahen sich um. Die Dunkelheit der Nacht verlieh dem Ort einen ruhigen Anblick und verbarg jene Einsamkeit ein wenig. Martin stieg auf sein Rad, schaltete das Licht an und bemerkte einen Himmel voller Sterne. Die Autos standen noch immer auf den Straßen – genau so, wie er sie auf seiner Fahrt in die Schule gesehen hatte –, niemand saß darin und sie fuhren nicht. Die Straßen, die Schule, die Häuser und die Läden waren leer. Die Stadt gehörte ihm.

Er hielt vor einem Supermarkt, zerbrach die Türscheibe mit einem Stein und führte das Rad an seiner Seite, als er hineinging. Mit dem Licht seines Rades beleuchtete er die Regale: das Obst und das Gemüse waren vertrocknet, das Fleisch und der Käse ebenfalls. Er näherte sich dem Brot, nahm ein Brötchen, es war so dehydriert wie die Mumie im Museum, und biss hinein. Er trank einen Orangensaft, den er neben dem Brot fand. Er schmeckte nach allem, nur nicht nach Orange. Bobi bellte und verlangte so nach seinem Anteil.

Martin öffnete ihm eine Dose mit Hundefutter. Darin befand sich eine trockene, sehr trockene braune Masse, die der Hund nicht fraß.

"Ich glaube, du wirst dich daran gewöhnen müssen, Bobi, das ist unsere Zukunft". Der Hund fraß nicht.

2 – Ejercicio de reflexión

Observa la concordancia de los siguientes adjetivos y participios, averigua su significado y relaciónalos con otros sustantivos que tu conozcas y de distinto género y/o número.

Reinaba el silencio y el desorden: libros dañados, hojas arrugadas, bolígrafos rotos, carpetas vacías, mochilas solitarias y bocadillos secos, todo ello esparcido por el suelo y las mesas. Todo estaba desordenado, olvidado y al parecer abandonado.

CAPÍTULO 3

Había pasado ya una semana desde el día maldito y Martín, triste y desorientado, no había salido de casa durante esos siete días. De pronto, se secó las lágrimas de los ojos y llegó a una conclusión: las cosas eran como eran y tenía que asumir la realidad. Estaba solo en el mundo, bueno, solo solo, no; tenía a Bobi. Los primeros días se los había pasado en casa llorando y escondido, pero ahora todo iba a cambiar. Tras una semana, la comida seca de su nevera estaba empezando a agotarse, así que salió para ir de nuevo al supermercado y a partir de ese momento, poco a poco, empezó a ir al instituto. Allí, revisaba sus cuadernos y avanzaba en las materias correspondientes a su curso: leía los libros, subrayaba, hacía esquemas y se formulaba sus propios exámenes. De este modo conseguía un poco de sensación de normalidad en un mundo en el que ya nada era normal.

Había llovido varias veces desde el día maldito y él había recogido agua en cubos para beber y lavarse; por otra parte, a su dieta de alimentos secos le había añadido la fruta de los manzanos y ciruelos del jardín de los vecinos. A pesar de las lluvias frecuentes, en el cielo no se veían ni nubes ni sol, solo la luz blanca, que poco a poco se le iba haciendo familiar. Fuera de casa, el paisaje seguía intacto: los coches parados en las vías,

3. Kapitel

Bereits eine Woche war seit dem verfluchten Tag verstrichen, und Martin, traurig und desorientiert, hatte das Haus während dieser sieben Tage nicht verlassen. Irgendwann trocknete er sich die Tränen von den Augen und gelangte zu einer Schlussfolgerung: die Dinge waren, wie sie waren, und er musste die Realität akzeptieren. Er war allein auf der Welt. Na ja, nicht ganz allein, nein; er hatte Bobi. Die ersten Tage hatte er heulend zuhause versteckt zugebracht, aber nun würde sich alles ändern. Nach einer Woche ging das trockene Essen in seinem Kühlschrank langsam zur Neige; also machte er sich erneut zum Supermarkt auf, und begann ab diesem Moment, nach und nach in die Schule zu gehen. Dort nahm er sich seine Schulhefte vor und arbeitete sich in den Fächern seines Jahrgangs vorwärts: er las die Bücher, versah sie mit Unterstreichungen, erstellte Aufzeichnungen und dachte sich seine eigenen Prüfungsaufgaben aus. Auf diese Weise verschaffte er sich ein wenig das Gefühl von Normalität in einer Welt, in der nichts mehr normal war.

Seit dem verfluchten Tag hatte es einige Male geregnet und er hatte Wasser in Eimern aufgefangen, um zu trinken und sich zu waschen. Zu seiner Kost aus trockenen Lebensmitteln hatte er das Obst der Apfel- und Pflaumenbäume aus dem Nachbargarten hinzugefügt. Trotz der häufigen Regenfälle waren am Himmel weder Wolken noch die Sonne zu sehen, nur das weiße Licht, an das er sich allmählich gewöhnte. Die Landschaft außerhalb des Hauses blieb unverändert – die auf den Fahrbahnen stehen ge-

las casas vacías y no había rastro de los más de 7 mil millones de personas que hasta el día maldito habitaban el mundo.

Eran las once de la mañana, Martín estaba en su clase leyendo su libro de historia, *la prehistoria es la etapa más larga y más desconocida, va desde la aparición de los antecesores del Homo sapiens hasta la aparición de los primeros documentos escritos...* dejó de leer y meditó. ¿Cómo se llamaría la etapa de la historia que estaba viviendo él?, ¿cuántos años duraría?, ¿sería la última? Solo él podía escribir sobre esa etapa y no tenía pensado hacerlo, ¿para qué?, no habría descubrimientos ni arte (lo de dibujar se le daba mal), además sería una etapa terriblemente corta y aburrida.

Él era un chico interesado en la técnica, en los coches, en la informática, era un pequeño experto con los ordenadores; había empezado a hacer programas informáticos, a crear sus propias aplicaciones, incluso tenía planeado abrir un blog sobre coches veloces. Ahora todo ese mundo había desaparecido y con él sus sueños. Sintió rabia. En su etapa de la historia particular y exclusiva, lo único que haría es sobrevivir: ir al instituto, entrar en el supermercado y llorar. Lo mejor era no escribir nada de nada sobre una rutina tan estúpida. Nadie iba a leerlo tampoco jamás. El día que él muriera se acabaría todo. Enfurecido cerró el libro de historia y sacó el de inglés.

bliebenen Autos, die leeren Häuser, und keine Spur von den über sieben Milliarden Menschen, die bis zu dem verfluchten Tag die Welt bewohnt hatten.

Es war elf Uhr vormittags. Martin saß in seinem Klassenzimmer und las in seinem Geschichtsbuch. *"Die Prähistorie ist die längste und unbekannteste Epoche. Sie reicht vom Erscheinen der Vorgänger des Homo sapiens bis zum Erscheinen der ersten Schriftdokumente ..."* Er hörte auf zu lesen und dachte nach. Wie würde man wohl die geschichtliche Epoche nennen, die er gerade durchlebte? Wie viele Jahre würde sie dauern? Wäre es die letzte? Nur er konnte über diese Epoche schreiben, und er dachte nicht daran, es zu tun. Wozu? Es gäbe weder Entdeckungen noch Kunst (Zeichnen war nicht eben seine Stärke), und zudem wäre es eine schrecklich kurze und langweilige Epoche.

Er war ein Junge, der sich für Technik interessierte, für Autos, für Informatik; er war geradezu ein kleiner Computerexperte. Er hatte angefangen, Computerprogramme zu schreiben, seine eigenen Apps zu erschaffen, und er hatte sogar ins Auge gefasst, einen Blog über schnelle Autos zu starten. Nun war diese ganze Welt verschwunden und mit ihr seine Träume. Er empfand Zorn. Zu überleben wäre das Einzige, was er in seiner persönlichen und ausschließlichen Geschichtsepoche tun würde: in die Schule gehen, den Supermarkt betreten, und heulen. Am Besten schrieb man absolut nichts über eine derart stumpfsinnige Routine. Lesen würde es ohnehin nie jemand. An dem Tag, an dem er sterben würde, wäre alles zu Ende. Aufgebracht schloss er das Geschichtsbuch und holte das für Englisch hervor.

31

Lo abrió por la primera página y leyó lo que nunca nadie lee: la introducción.

El inglés se habla en distintos continentes, tiene entre 300 y 400 millones de hablantes nativos y está considerada lengua oficial y de comunicación en muchos sectores, organismos y empresas internacionales...

Enfureció de nuevo, él jamás hablaría inglés con nadie, ni alemán, ni tan solo bávaro... los idiomas se perderían, la comunicación entre seres humanos con un sistema codificado se había acabado. Su único interlocutor era Bobi, quizá debería concentrarse en libros de zoología de la biblioteca para aprender a interpretar los ladridos de Bobi, pero ¿para qué? Bobi y él se entendían ya perfectamente. Sintió pánico. Tomó el libro de historia de nuevo, lo abrió por el primer capítulo y lo leyó en voz alta. Leía alto, muy alto, chillaba para escucharse a sí mismo y así poder percibir palabras, frases, párrafos que jamás escucharía de ninguna otra voz.

Después de leer cinco capítulos, pensó en sus padres, en las prisas con las que vivían, en su esfuerzo diario para salir adelante; pensó en su abuela, en su paciencia y en la dulzura que siempre ofrecía sin esperar nada a cambio; pensó en su hermana que tantas veces le había hecho rabiar con sus tonterías de chica y a quien ahora

Er schlug es auf der ersten Seite auf und las, was sonst niemand liest: die Einführung.

"Englisch wird auf verschiedenen Kontinenten gesprochen. Es hat zwischen 300 und 400 Millionen native Sprecher und gilt in vielen Branchen, Organisationen und internationalen Unternehmen als die Amts- und Kommunikationssprache ..."

Der Zorn überwältigte ihn erneut. Er würde nie weder Englisch mit irgend jemandem sprechen, noch Deutsch, ja, nicht einmal Bayrisch ... Die Sprachen würden verloren gehen, vorbei war es mit der Verständigung zwischen menschlichen Wesen mit Hilfe eines verschlüsselten Systems. Sein einziger Gesprächspartner war Bobi. Vielleicht sollte er sich auf die Bücher über Tierkunde in der Bibliothek konzentrieren, um zu lernen, das Bellen von Bobi richtig zu deuten? Aber wozu? Bobi und er verstanden sich bereits perfekt. Er fühlte Panik. Er nahm wieder das Geschichtsbuch, schlug es beim ersten Kapitel auf und las es laut vor. Er las laut, sehr laut. Er schrie, um sich selbst zu hören und so Worte, Sätze, Abschnitte wahrnehmen zu können, die er niemals von irgend einer anderen Stimme zu hören bekommen würde.

Nachdem er fünf Kapitel gelesen hatte, dachte er an seine Eltern. An die Eile, in der sie lebten, an ihre tägliche Anstrengung, um voran zu kommen. Er dachte an seine Großmutter, an ihre Geduld und an die Sanftheit, die sie immer darbot, ohne etwas als Gegenleistung dafür zu erwarten. Er dachte an seine Schwester, die ihn mit ihrem albernen Mädchenkram so oft zur Raserei gebracht hatte, und die er nun

echaba de menos; pensó también en las tontas de las amigas de su hermana con sus risas burlonas y en cómo le espiaban desde la habitación cuando venían a casa. Él ya no vería jamás a una chica. Sintió mucha sed, tenía un nudo en la garganta, se acercó al cubo con agua de lluvia acumulada y bebió de nuevo con una sed extraña que le asaltaba desde el aquel día maldito.

«¡Se acabó Bobi! —chilló Martín desesperado— ¡te digo que se acabó!, no quiero seguir viviendo solo, no quiero llorar todas las noches hasta quedarme dormido y despertarme cada día con la luz blanca y tu única compañía. Esto es una broma de mal gusto y el ser superior, marciano o quien sea que me la ha hecho no se va a salir con la suya... ¡jamás! A partir de ahora voy a vivir, ¿no ha querido dejarme vivo?, pues a vivir... y a divertirme. El día que se acerque una enfermedad que no pueda curar o un dolor insoportable estaré preparado para marcharme rápido, muy rápido de este mundo, y tú, si quieres, conmigo. Creo que hay drogas en los hospitales para lograr eso; también vi películas en las que algunos lo han hecho con heroína y parece que hasta te diviertes cuando te vas. Pero ahora no ha llegado ese día, ahora estoy vivo y voy a vivir, voy a divertirme a tope y para empezar con mi nueva vida... vamos a regresar a casa y a entrar en el garaje del vecino donde está aparcado su maravilloso Porsche descapotable».

vermisste. Er dachte auch an die dämlichen Freundinnen seiner Schwester, mit ihrem spöttischen Gekicher, und daran, wie sie ihm von ihrem Zimmer aus nach spionierten, wenn sie zu Besuch kamen. Er würde nie mehr wieder ein Mädchen sehen. Er empfand großen Durst, er schnürte ihm die Kehle zu. Er begab sich zum Eimer mit dem gesammelten Regenwasser und trank wieder mit einem seltsamen Durst, der ihn seit jenem verfluchten Tag überfiel.

"Schluss jetzt, Bobi!", schrie Martin verzweifelt, "ich sage Dir, jetzt ist Schluss! Ich will nicht alleine weiter leben. Ich will nicht jede Nacht heulen, bis ich eingeschlafen bin, und jeden Tag mit dem weißen Licht und Dir als einzigem Gefährten aufwachen. Das ist ein schlechter Scherz, und die Rechnung des höheren Wesens, Marsianer oder was auch immer, das mir das angetan hat, wird nicht aufgehen ... nie! Ab jetzt werde ich leben. Hat es mich denn nicht leben lassen wollen? Also, lass uns leben ... und Spaß haben. An dem Tag, an dem mich eine unheilbare Krankheit ereilt, oder ein unerträglicher Schmerz, werde ich vorbereitet sein, um diese Welt schnell zu verlassen, sehr schnell. Und du mit mir, wenn du willst. Ich glaube, in den Krankenhäusern gibt es Rauschmittel dafür. Ich habe auch Filme gesehen, in denen es ein paar Leute mit Heroin getan haben, und anscheinend macht es dann sogar Spaß, wenn du gehst. Aber jetzt ist dieser Tag noch nicht da, jetzt bin ich lebendig, und ich werde leben. Ich werde mich amüsieren ohne Ende. Und um gleich mit meinem neuen Leben anzufangen ... werden wir nach Hause zurückkehren und uns in die Garage des Nachbarn begeben, in der sein wundervoller Porsche Cabrio geparkt ist."

3 – Ejercicios de transformación

Reescribe el siguiente párrafo, de modo que exprese justamente lo contrario a lo que dice. Para ello, cambia todo lo que consideres necesario en la estructura de la oración y en el vocabulario.

Lo mejor era no escribir nada de nada sobre una rutina tan estúpida. Nadie iba a leerlo tampoco jamás. El día que él muriera se acabaría todo. Enfurecido cerró el libro de historia y sacó el de inglés; lo abrió por la primera página y leyó, lo que nunca nadie lee, la introducción.

Ejemplo: *Lo peor era (no) escribirlo todo...*

CAPÍTULO 4

Martín tomó su bicicleta y sonrió, Bobi ladró al verle contento, ambos dejaron el instituto atrás y se perdieron por las calles de la ciudad. Martín pedaleaba despacio y miraba a su alrededor con una tranquilidad que no había experimentado desde el día maldito. Pasaron por un centro comercial cercano y se detuvieron. La puerta, al no tener suministro eléctrico, estaba abierta y el chico no tuvo que forzarla, Bobi y él entraron sin problema. Se pasearon por la enorme superficie vacía, corrieron por los pasillos, comieron y bebieron sin miedo.

Martín se preguntaba muchas cosas: ¿Habría alguien más en el mundo en una situación parecida a la suya?, ¿regresarían todos los que se habían ido y le pedirían explicaciones?, ¿le pasaría alguien algún día factura?...

—Absurdo, todo es absurdo. ¡No va a venir nadie jamás!, así que voy a usar y tomar todo lo que quiera de este centro comercial y del mundo entero.

Lo primero que hizo Martín fue acercarse a las estanterías de las pilas, tomó paquetes de varias medidas y los puso dentro de su mochila, también tomó linternas y pequeños electrodomésticos; después se dirigió hacia la sección de las revistas y los libros. Se sentó en el suelo, delante de las estanterías unos minutos y se puso a leer una re-

4. Kapitel

Martin nahm sein Rad und lächelte. Bobi bellte, als er ihn zufrieden sah, beide ließen die Schule hinter sich und verloren sich in den Straßen der Stadt. Martin radelte langsam und betrachtete seine Umgebung mit einer Ruhe, die er seit dem verfluchten Tag nicht empfunden hatte. Sie kamen an einem nahen Einkaufszentrum vorbei und hielten an. Die Tür - ohne Stromversorgung - stand offen, und der Junge musste sie nicht aufbrechen, Bobi und er traten ohne Probleme ein. Sie spazierten über das riesige, leere Areal, rannten durch die Gänge, aßen und tranken ohne Angst.

Martin fragte sich viele Dinge. Ob es wohl noch jemanden in einer ähnlichen Situation wie der seinen auf der Welt gab? Ob wohl alle zurückkehren würden, die gegangen waren, und Erklärungen von ihm verlangen würden? Würde ihm jemand irgendwann alles in Rechnung stellen ...?

"Absurd, es ist alles absurd. Keiner wird je kommen! Also werde ich alles benutzen und nehmen, was ich will, von diesem Einkaufszentrum und der ganzen Welt."

Das Erste, was Martin tat, war, zu den Regalen mit den Batterien zu gehen. Er nahm Pakete verschiedener Größen und steckte sie in seinen Rucksack. Er nahm auch Taschenlampen und kleine Haushaltsgeräte. Danach steuerte er die Abteilung für Zeitschriften und Bücher an. Er setzte sich einige Minuten vor den Regalen auf den Boden und begann,

vista de vehículos de lujo, había una foto del Porsche 911, igual al de su vecino… Admiró su carrocería, estudió todos los detalles del motor: 6 cilindros y 400 caballos, sintió un deseo enorme de conducirlo, sonrió de nuevo, ya nada ni nadie podría impedírselo. Martín tomó un montón de revistas del automóvil y un manual de autoescuela para preparar el carnet de conducir y los metió en su mochila. Hacía meses que su amigo Jan y él estaban leyendo el manual de conducción de la hermana mayor de Jan, los dos amigos soñaban juntos con llevar coches veloces y esperaban impacientes a que llegara el día, en el cual, ellos mismos podrían sentir el tacto de un volante entre sus dedos. Martín corrió hacia su bicicleta, lamentó que no estuviera Jan, pero se alegró de no tener que pasar por la autoescuela para cumplir su sueño. Siempre había deseado conducir un coche y su deseo estaba a punto de cumplirse. Bobí ladró contento y le siguió.

Llegaron a casa, bajó de la bici y se dirigió al garaje de su vecino, el doctor Müller. Estaba cerrado con llave, decidió entrar en la casa de los Müller para conseguir las llaves, rompió los cristales de la ventana de la cocina y entró en el domicilio. Bobi esperó fuera algo inquieto. Martín vio que junto a la puerta de la entrada colgaban las llaves del coche al lado del mando a distancia del garaje. Le brillaron los ojos y notó la ilusión dentro de él. Una ilusión, que unos días antes parecía perdida para siempre.

eine Zeitschrift für Luxusfahrzeuge zu lesen. Es gab ein Foto des Porsche 911, genau wie der seines Nachbarn ... Er bewunderte seine Karosserie und studierte alle Einzelheiten des Motors: sechs Zylinder und vierhundert Pferdestärken. Er verspürte einen heftigen Drang, ihn zu fahren und lächelte erneut; niemand würde ihn mehr davon abhalten können. Martin nahm einen Stapel Autozeitschriften und ein Fahrschulhandbuch, um sich auf die Führerscheinprüfung vorzubereiten und verstaute sie in seinem Rucksack. Schon seit Monaten lasen sein Freund Jan und er das Handbuch zum Autofahren der älteren Schwester von Jan. Beide Freunde träumten gemeinsam davon, schnelle Autos zu fahren, und warteten ungeduldig auf den Tag, an dem sie selbst das Gefühl eines Lenkrades in ihren Fingern haben könnten. Martin lief zu seinem Rad, er bedauerte, dass Jan nicht da war, aber er freute sich, keine Fahrschule absolvieren zu müssen, um sich seinen Traum zu erfüllen. Er hatte schon immer selbst ein Auto fahren wollen, und sein Wunsch war kurz davor, sich zu erfüllen. Bobi bellte zufrieden und folgte ihm.

Sie kamen zuhause an, er stieg vom Rad und ging auf die Garage seines Nachbarn Dr. Müller zu. Sie war abgeschlossen, er beschloss, in das Haus der Müllers zu gehen, um an die Schlüssel zu kommen, zerbrach die Scheiben des Küchenfensters und stieg in das Haus ein. Draußen wartete Bobi etwas unruhig auf ihn. Martin sah, dass die Autoschlüssel neben der Fernbedienung für die Garage bei der Eingangstür hingen. Seine Augen glänzten und er bemerkte die Vorfreude in sich. Eine Vorfreude, die wenige Tage zuvor für immer verloren gewesen schien.

Sin pensarlo, tomó el mando y las llaves y se los puso en el bolsillo, después quiso correr hacia el garaje, pero una incómoda sensación le asaltó y sintió la necesidad de recorrer la casa del doctor Müller y entrar en todas las habitaciones. Subió las escaleras hacia el dormitorio principal, entró también en el baño, bajó las escaleras hasta el salón, abrió armarios, revisó estanterías. Todo estaba como en su propia casa: vacío y abandonado.

«¡Seré idiota! —se dijo a sí mismo sonriendo—, estoy solo en el mundo entero y se me ocurre revisar esta casa para ver si encuentro a alguien, ¡qué estúpida pérdida de tiempo!, sobretodo teniendo en cuenta que un Porsche 911 está esperándome en el garaje».

Salió de la casa y corrió al garaje, presionó el botón del mando a distancia y la puerta no reaccionó. Presionó una y otra vez. La puerta seguía cerrada herméticamente, buscó en su mochila las pilas nuevas, abrió varios paquetes a la vez, la mayoría de las pilas cayeron al suelo y rodaron por el asfalto, Martín actuaba con prisa y nervios, forzó el mando al abrirlo y le rompió varias piezas pequeñas.

—¡*Mierda*, se ha roto!

Se acercó a su casa y tomó la caja de herramientas de su padre, con un destornillador y cinta ad-

Ohne nachzudenken, nahm er die Fernbedienung und die Schlüssel an sich und steckte sie sich in die Hosentasche. Danach wollte er zur Garage rennen, aber ein unbehagliches Gefühl überfiel ihn, und er empfand das Bedürfnis, das Haus von Dr. Müller abzulaufen und in alle Zimmer zu gehen. Er stieg die Treppe hoch zum Hauptschlafzimmer, betrat auch das Bad, kehrte über die Treppe nach unten ins Wohnzimmer zurück, öffnete Schränke und nahm Regale in Augenschein. Alles war wie in seinem eigenen Zuhause: leer und verlassen.

"Was für ein Idiot ich doch bin! ", sagte er lächelnd zu sich selbst. "Ich bin allein auf der ganzen Welt und es fällt mir ein, dieses Haus zu untersuchen, um zu sehen, ob ich jemanden finde ... Was für eine dumme Zeitverschwendung! Vor allem, wenn ich bedenke, dass ein Porsche 911 in der Garage auf mich wartet."

Er verließ das Haus und rannte zur Garage, drückte den Knopf der Fernbedienung, und die Tür reagierte nicht. Er drückte ein ums andere Mal. Die Tür blieb hermetisch verschlossen, er suchte in seinem Rucksack nach den neuen Batterien, riss verschiedene Pakete auf einmal auf, die Mehrzahl der Batterien fiel zu Boden und rollte auf dem Asphalt umher. Martin handelte hastig und fahrig, öffnete die Bedienung mit Gewalt und zerbrach dabei verschiedene kleine Teile.

"Scheiße, sie ist kaputt gegangen!"

Er kehrte nach Hause zurück und nahm den Werkzeugkasten seines Vaters. Er schaffte es, die kaput-

hesiva, consiguió hacer una chapuza y colocar pilas nuevas dentro del mando roto, se acercó al garaje, presionó el botón y la puerta no se movió.

Ah, claro, ¿cómo pretendía abrir una puerta eléctrica sin electricidad? Entonces recordó que también desde el jardín podía accederse al garaje por una puerta lateral. Saltó la valla, entró en el jardín y vió la puerta. Junto a la llave del coche había otra llave. Martin la probó. Su corazón latía rápido, su mano temblaba... La puerta se abrió sin problemas. La luz se coló dentro del garaje. El garaje estaba vacío. Martin respiró profundamente.

—No me doy por vencido, Bobi. Sé dónde trabaja el doctor Müller, vamos para allá.

Martín montó en su bici y Bobi junto a él, tomaron la calle en dirección contraria al colegio y se dirigieron hacia la consulta del doctor Müller, conocido especialista cardiólogo, vecino de Martín y dueño de un Porsche 911... hasta el día maldito.

Allí, delante de la consulta, estaba el lujoso automóvil estacionado en el lugar reservado para el doctor Müller. Martín lo vio, sonrió y lo hizo suyo con la mirada. Se acercó, tiró su bici al suelo y presionó el botón de la llave del coche para abrirle las puertas, el dedo le temblaba. Las luces del coche parpadearon un segundo; el chico se acercó, muy suavemente abrió la puerta y se metió dentro del vehículo, colocó la llave bajo el volante y arrancó con cuidado. La marcha estaba en punto

te Bedienung behelfsmäßig mit Hilfe eines Schraubenziehers und Klebeband zu reparieren und neue Batterien in sie einzulegen. Er ging zur Garage, drückte den Knopf, und das Tor bewegte sich nicht.

Ach, klar, - wie wollte er auch ein elektrisches Tor ohne Elektrizität öffnen? Da erinnerte er sich, dass man auch vom Garten aus über eine Seitentür in die Garage gelangte. Er sprang über den Zaun, betrat den Garten und sah die Tür. Beim Autoschlüssel war ein weiterer Schlüssel. Martin probierte ihn aus. Sein Herz schlug schnell, seine Hand zitterte ... Die Tür öffnete sich problemlos. Das Licht drang in die Garage. Die Garage war leer. Martin atmete tief durch.

"Ich gebe mich nicht geschlagen Bobi. Ich weiß, wo Dr. Müller arbeitet. Dorthin fahren wir."

Martin stieg auf sein Rad. Er und Bobi bogen in die Straße in entgegengesetzter Richtung zur Schule ein und fuhren zur Praxis von Dr. Müller, dem bekannten Herzspezialisten, Nachbar von Martin und Eigentümer eines Porsche 911 ... bis zu dem verfluchten Tag.

Dort, vor der Praxis, war das luxuriöse Automobil auf dem für Dr. Müller reservierten Parkplatz abgestellt. Martin sah es, lächelte, und nahm es mit dem Blick in seinen Besitz. Er fuhr zu ihm hin, warf sein Rad auf den Boden und drückte auf den Knopf des Autoschlüssels, um die Türen zu öffnen, sein Finger zitterte. Die Scheinwerfer des Autos flackerten für eine Sekunde auf; der Junge trat heran, öffnete ganz sanft die Tür und stieg in das Fahrzeug ein. Er steckte den Schlüssel ins Schloss und startete be-

muerto. Escuchó el ruido del motor: 400 caballos a su disposición eran para él música celestial. Disfrutó del momento —lejos quedaban las prisas y la angustia—, después presionó varios botones, la capota se abrió y el coche descapotado brilló bajo la luz blanca. Bobi saltó al interior del vehículo y se colocó a su lado.

—Juhuhhhu, el mundo nos está esperando Bobi. ¡A por él!

Sacó rápidamente el libro de la autoescuela, repasó lo que ya había leído mil veces: primera marcha, soltar suavemente el embrague, gas, más gas y... a vivir.

Esa tarde Martín recorrió toda la ciudad, primero a poca velocidad para familiarizarse con el coche; después fue aumentándola, y finalmente, incluso se aventuró a entrar en la autopista, le puso la capota al coche y llegó a los 350 Km por hora en una zona alejada de Múnich, en la que no había muchos vehículos parados. Increíble sensación. Al anochecer entró en una gasolinera y fue capaz de llenar el depósito de su nuevo juguete sin problemas. ¡Era un as del volante! Con solo 15 años llevaba más de cinco horas conduciendo un coche de lujo y apenas le había hecho unos rasguños. Era el momento de volver a casa, dormir, descansar y planear más aventuras. Su nuevo juguete dormiría junto a él, aparcado frente a su portal.

hutsam. Der Gang stand auf Leerlauf. Er hörte das Geräusch des Motors: 400 Pferdestärken standen zu seiner Verfügung und waren für ihn himmlische Musik. Er genoss den Moment – fern blieben Hast und Beklemmung -, danach drückte er verschiedene Knöpfe, das Verdeck öffnete sich und das offene Auto strahlte unter dem weißen Licht. Bobi sprang ins Innere des Fahrzeugs und setzte sich neben ihn.

"Juhuhhhu, die Welt wartet auf uns, Bobi. Lass sie uns erobern!"

Schnell zog er das Fahrschulbuch hervor und ging noch einmal durch, was er bereits tausend Mal gelesen hatte: erster Gang, sachte die Kupplung kommen lassen, Gas, mehr Gas und ... auf ins Leben.

An diesem Nachmittag fuhr Martin die ganze Stadt ab, zuerst mit geringer Geschwindigkeit, um sich mit dem Auto vertraut zu machen; danach erhöhte er sie allmählich, und schließlich wagte er sich sogar auf die Autobahn. Er schloss das Verdeck des Autos und erreichte 350 km/h auf einer weit von München entfernten Strecke, auf der es nicht viele stehen gebliebene Fahrzeuge gab. Ein unglaubliches Gefühl. Als es dunkel wurde, fuhr er an eine Tankstelle und schaffte es problemlos, den Tank seines neuen Spielzeugs zu füllen. Er war ein Ass am Lenkrad! Mit nur fünfzehn Jahren fuhr er seit über fünf Stunden ein Luxusauto und hatte ihm kaum ein paar Kratzer zugefügt. Es war der Moment, nach Hause zu kehren, zu schlafen, auszuruhen und weitere Abenteuer zu planen. Sein neues Spielzeug würde, vor seinem Hauseingang geparkt, ganz in seiner Nähe schlafen.

4 – Ejercicio sobre las variantes del español

¿Conoces el vocabulario de España y Latinoamérica? Algunas palabras son distintas en su versión latinoamericana ¿puedes encontrarlas y sustituirlas?

...sintió un deseo enorme de conducirlo, sonrió de nuevo, ya nada ni nadie podría impedírselo. Martín tomó un montón de revistas del automóvil, y un manual de autoescuela para preparar el carnet de conducir y los metió en su mochila. Hacía meses que su amigo Jan y él estaban leyendo el manual de conducción de la hermana mayor de Jan, los dos amigos soñaban juntos con llevar coches veloces y esperaban impacientes a que llegara el día, en el cual, ellos mismos podrían sentir el tacto de un volante entre sus dedos

CAPÍTULO 5

Un nuevo día llegó y Martín se apresuró a ponerse al volante de su Porsche; la sonrisa en los labios y la ilusión de empezar una nueva aventura le acompañaban. Consiguió conectar el navegador del automóvil y fijó su objetivo en Augsburgo, después siguió las órdenes de la voz femenina que salía del altavoz del coche. Disfrutó al oír una voz distinta a la suya, sintió nostalgia y pensó que debía encontrar el modo de producir energía eléctrica para acceder a películas, documentales, música y grabaciones.

Los pensamientos tristes le amenazaban con ganar terreno dentro su cerebro, para evitarlo, y aprovechando que había llegado ya a la autopista, Martín pisó el acelerador para huir de la tristeza. La velocidad era un buen antidepresivo, conducía rápido, muy rápido; al tiempo que se alejaba de Múnich, intentaba dejar atrás la nostalgia y lo conseguía.

La autopista estaba llena de coches parados, que dificultaban su movilidad, Martín los ignoraba haciendo un atrevido zig-zag sin dejar de presionar el gas. No quería dejar de acelerar. Renunciar a la velocidad, era renunciar a la sensación de bienestar, incluso de felicidad que esta le proporcionaba.

5. Kapitel

Ein neuer Tag brach an, und Martin beeilte sich, hinter das Steuer seines Porsche zu gelangen; das Lächeln auf den Lippen und die Vorfreude, ein neues Abenteuer zu beginnen, begleiteten ihn. Er schaffte es, das Navi des Autos anzuschließen, und gab als Ziel Augsburg ein. Danach folgte er den Anweisungen der weiblichen Stimme, die aus dem Lautsprecher des Autos tönte. Er genoss es, eine andere Stimme als seine eigene zu hören. Er empfand Wehmut und dachte, er müsse einen Weg finden, elektrische Energie zu produzieren, um Zugang zu Filmen, Dokumentationen, Musik und Aufnahmen zu bekommen.

Die traurigen Gedanken drohten Terrain in seinem Gehirn zu gewinnen, um dies zu verhindern, und auszunutzen, dass er bereits auf der Autobahn angekommen war, stieg Martin auf das Gaspedal, um der Traurigkeit zu entfliehen. Die Geschwindigkeit war ein gutes Antidepressivum, er fuhr schnell, sehr schnell. Während er sich von München entfernte, versuchte er, die Wehmut hinter sich zu lassen, und schaffte es.

Die Autobahn war voll von stehen gebliebenen Autos, die seine Beweglichkeit erschwerten, Martin ignorierte sie und umfuhr sie in einem gewagten Zickzack-Kurs, ohne vom Gas zu gehen. Er wollte nicht aufhören, zu beschleunigen. Auf die Schnelligkeit zu verzichten, bedeutete, auf das Gefühl von Wohlbefinden und sogar Glück zu verzichten, welches diese ihm verschaffte.

Pocas cosas le quedaban con ese poder. No había espacio ni tiempo para reflexiones filosóficas, en su nueva vida solo quería disfrutar.

De pronto, vio que un camión enorme con remolque estaba cruzado en la autopista y bloqueaba todos los carriles; junto al camión, desperdigados por la superficie del asfalto, había sofás, sillas, mesas y colchones: sin duda, la mercancía que transportaba el vehículo el día maldito. Martín circulaba a casi 300 km por hora, pisó el freno inmediatamente tan fuerte como pudo, por un momento pensó que su pie traspasaría el suelo del coche y lo perdería con la fricción contra el asfalto. Para evitar el choque directo contra el camión, el chico también giró el volante de forma brusca hacia la derecha. Al hacerlo el vehículo derrapó y Martín perdió el control sobre él. Varios colchones amortiguaron el inevitable choque de su Porsche contra la valla lateral, y gracias a ellos la colisión que se produjo no fue tan brutal. El *airbag* y el cinturón de seguridad salvaron la vida de Martín, que solo sufrió cortes por el impacto de los cristales rotos del parabrisas contra su cuerpo.

Bobi, sin embargo, salió disparado a través del cristal del parabrisas a modo de catapulta. Martín observó como su perro daba vueltas de campana y volaba por los aires y entendió que su soledad —ahora sí— iba a ser completa; sin embargo, el animal aterrizó justamente sobre la superficie de un blando sofá situado justo al lado del camión.

Wenige Dinge von solcher Macht waren ihm geblieben. Es gab weder Raum noch Zeit für philosophische Überlegungen. In seinem neuen Leben wollte er nur genießen.

Plötzlich sah er, dass ein riesiger LKW mit Anhänger quer auf der Autobahn lag und alle Spuren blockierte. Neben dem LKW, überall auf der Asphaltoberfläche verstreut, lagen Sofas, Stühle, Tische und Matratzen: zweifellos die Ware, die das Fahrzeug an jenem verfluchten Tag transportiert hatte. Martin hatte fast 300 Sachen drauf, er stieg sofort auf die Bremse, so fest er konnte. Für einen Moment dachte er, sein Fuß würde durch das Bodenblech des Autos brechen und er würde ihn durch die Reibung mit dem Asphalt verlieren. Um den direkten Zusammenprall mit dem LKW zu verhindern, riss der Junge auch heftig das Lenkrad nach rechts herum. Als er dies tat, schleuderte das Fahrzeug und Martin verlor die Kontrolle darüber. Einige Matratzen dämpften den unvermeidlichen Aufprall seines Porsches an der seitlichen Fahrbahnplanke, und dank ihnen war der Zusammenstoß, der entstand, nicht so brutal. Der Airbag und der Sicherheitsgurt retteten Martin das Leben, der nur einige Schnittverletzungen erlitt, weil Splitter der zerbrochenen Windschutzscheibe an seinen Körper knallten.

Bobi hingegen krachte wie das Wurfgeschoss eines Katapultes durch die Windschutzscheibe. Martin beobachtete, wie sein Hund Purzelbäume machte und durch die Luft flog, und verstand, dass seine Einsamkeit – jetzt sehr wohl – vollständig sein würde. Doch das Tier landete genau auf dem Polster eines weichen Sofas, das just neben dem LKW stand.

—Cuando ya todo está perdido y no hay lugar para la esperanza en la mente humana, es cuando aparecen las sorpresas más agradables de la vida.

La frase salió de su boca, así, sin mayor esfuerzo, ni él mismo entendía lo que acababa de decir. Esa frase no era suya y parecía sacada de alguno de los ineficaces manuales de autoestima que su madre leía. En ese momento comprendió —mientras observaba como gotas de sangre de sus cortes teñían de rojo muchos de los cristales rotos— que su infancia, su adolescencia, quizá su juventud habían acabado. Conducir un Porsche con quince años era divertido, perder la juventud no tanto.

Tardó el resto del día en poner en marcha uno de los coches próximos al lugar del accidente. Se preguntaba por qué todos los vehículos parados no tenían las llaves puestas. No había rastro de llaves por ningún sitio, como si alguien hubiera preparado el día maldito a conciencia para que nadie pudiera volver a mover un vehículo jamás.

Después de muchos esfuerzos y recordando constantemente las películas de acción que había visto, consiguió que el motor de un Fiat Panda arrancara. En la pantalla y en las novelas de intriga que él leía y veía regularmente, tanto héroes como malhechores tardaban apenas unos minutos en *hacerle los cables* a coches lujosos y los arrancaban sin dificultad. Seguidamente los roba-

"Wenn schon alles verloren ist, und kein Platz für Hoffnung mehr im menschlichen Verstand, dann tauchen die angenehmsten Überraschungen des Lebens auf."

Der Satz kam aus seinem Mund, ohne größere Mühe; nicht einmal er selbst verstand, was er soeben gesagt hatte. Dieser Satz stammte nicht von ihm und schien irgendeinem der unwirksamen Handbücher zur Steigerung des Selbstwertgefühls entnommen zu sein, die seine Mutter las. In diesem Moment verstand er - während er beobachtete, wie Blutstropfen aus seinen Schnitten viele der Splitter rot färbten -, dass seine Kindheit, seine Pubertät und vielleicht sogar seine Jugend zu Ende waren. Mit fünfzehn einen Porsche zu fahren, machte Spaß, die Jugend zu verlieren, nicht so sehr.

Er verbrachte den Rest des Tages damit, eines der Autos in der Nähe des Unfallortes in Gang zu setzen. Er fragte sich, weshalb in keinem der stehen gebliebenen Fahrzeuge die Schlüssel steckten. Nirgendwo gab es auch nur eine Spur der Schlüssel, so, als hätte jemand den verfluchten Tag bewusst vorbereitet, damit niemand jemals wieder ein Fahrzeug würde bewegen können.

Nach vielen Anstrengungen und in unaufhörlicher Erinnerung an die Actionfilme, die er gesehen hatte, bekam er es hin, den Motor eines Fiat Panda zum Laufen zu bringen. Auf dem Bildschirm und in den Thrillern, die er regelmäßig las und sah, benötigten sowohl Helden als auch Kriminelle höchstens ein paar Minuten, um Luxusautos kurz zu schließen, und sie starteten sie ohne jede Schwierigkeit. An-

ban o los tomaban prestados a sus dueños para vivir sus aventuras. Los hacían suyos completamente. Y a pesar de no tener las llaves, los dominaban durante minutos, horas o días según la hazaña a realizar. Además, no se los devolvían jamás.

Todo ocurría con la misma facilidad con la que él en clase tomaba un bolígrafo de su compañero y se lo quedaba un par de días para escribir una redacción, o dos, o más. Recordó a Jan, su mejor amigo, siempre tan ordenado y generoso con él, con gusto le prestaba siempre la goma, el bolígrafo, la regla sin cuestionarle nada, a veces incluso llevaba gomas y bolígrafos de repuesto porque ya sabía que Martín se los olvidaba siempre en casa.

—¿Ficción o realidad? Ahí está la diferencia, Bobi. Por eso me ha llevado un día entero arrancar el Fiat-Panda construido en el año 1990. Claro que... en el fondo nuestras vidas tienen más en común con la ficción que con la realidad, ¿no crees?

A Martín se le escapó una sonrisa, mientras la cara de Jan se borraba de su mente y los lamentos de Bobi le devolvían a la realidad y le llenaban de dolor. Empezaba a anochecer y agradeció a esos dioses —que sin duda seguían moviendo los hilos del destino desde algún lugar— la posibili-

schließend stahlen sie sie oder liehen sie sich von ihren Eigentümern aus, um ihre Abenteuer zu erleben. Sie bemächtigten sich ihrer völlig. Und obwohl sie die Schlüssel nicht hatten, beherrschten sie die Fahrzeuge für Minuten, Stunden oder Tage, je nach der anstehenden Heldentat. Außerdem gaben sie sie ihnen nie zurück.

Alles geschah mit derselben Leichtigkeit, mit der er sich im Unterricht einen Kugelschreiber seines Kumpels nahm und ihn für ein paar Tage behielt, um einen Aufsatz oder zwei oder mehr damit zu schreiben. Er erinnerte sich an Jan, seinen besten Freund, immer so ordentlich und großzügig ihm gegenüber. Er lieh ihm immer gerne den Radiergummi aus, den Kugelschreiber, das Lineal, ohne je irgendwelche Einwände zu erheben. Manchmal brachte er sogar Reserveradierer und Kugelschreiber mit, weil er schon wusste, dass Martin sie immer zuhause vergaß.

"Fiktion oder Wirklichkeit? Da ist der Unterschied, Bobi. Deshalb habe ich einen ganzen Tag dafür gebraucht, den 1990er Fiat Panda zu starten. Immerhin ... unser beider Leben hat im Grunde mehr mit Fiktion zu tun als mit der Wirklichkeit, glaubst du nicht?"

Martin entkam ein Lächeln, während das Gesicht von Jan aus seinem Verstand verschwand und das Jaulen von Bobi ihn in die Wirklichkeit zurückbrachte und mit Schmerz erfüllte. Es begann, dunkel zu werden, und er dankte jenen Göttern - die ohne Zweifel von irgendeinem Ort aus fortfuhren, die Fäden des Schicksals zu ziehen - für die Möglichkeit, ein Auto

dad de tomar un coche y alejarse de la autopista aun con la luz del día. Partió rumbo a Augsburgo, a velocidad moderada, en busca de un hospital donde encontrar material y curar sus heridas y las de Bobi.

Gracias al navegador del Panda llegó a una gran clínica a las afueras de la ciudad. Era de noche y no había luna. Tomó su linterna y se decidió a entrar, sintió un miedo enorme al romper el cristal de la puerta principal. Las piernas se le paralizaron y no le permitieron avanzar por los largos pasillos llenos de camillas vacías. El viento que se produjo al abrir la puerta movió papeles e hizo rodar algunas jeringuillas por el suelo del pasillo. Martín iluminó el suelo con su linterna inmediatamente, el aspecto era caótico: sábanas, medicamentos, toallas, vendas, guantes... todo desperdigado y amontonado.

Después de unos segundos, y cuando sus piernas por fin reaccionaron, se aventuró a entrar, decidió evitar el pasillo y bajó directamente al sótano por las escaleras. Poco a poco se acercó a un quirófano y sintió curiosidad, presionó la pesada puerta de metal y esta se abrió, un sudor frío bajó por su frente, le mojó los cortes de la cara y le provocó dolor. Se lo provocó rápido y a modo de pinchazo. Martín se mareó. ¡Había luz!, era una luz fuerte procedente de los focos que iluminaba directamente la sábana que cubría la camilla de operaciones. Una sábana con aspecto aterrador: arrugada, sucia y llena de instrumental quirúrgico

zu nehmen und sich noch bei Tageslicht von der Autobahn zu entfernen. Er nahm Kurs auf Augsburg, in mäßiger Geschwindigkeit, auf der Suche nach einem Krankenhaus, in dem er Material für die Versorgung seiner Wunden und der Bobis finden würde.

Dank des Navis des Panda landete er bei einer großen Klinik außerhalb der Stadt. Es war Nacht und es gab keinen Mond. Er nahm seine Taschenlampe und entschloss sich, einzutreten. Er empfand große Angst, als er die Scheibe des Haupteingangs einschlug. Seine Beine waren wie gelähmt und erlaubten ihm nicht, in die langen Gänge voller leerer Betten weiter zu gehen. Der Wind, der beim Öffnen der Tür entstanden war, bewegte Papiere und ließ ein paar Spritzen auf dem Boden des Gangs herum rollen. Sofort richtete Martin seine Laterne auf den Boden. Der Anblick war chaotisch: Laken, Medikamente, Handtücher, Verbände, Handschuhe ... alles verstreut und bunt zusammengewürfelt.

Nach ein paar Sekunden, und als seine Beine endlich reagierten, wagte er es, einzutreten. Er entschied sich, den Gang zu meiden und stieg direkt über die Treppe in den Keller hinab. Allmählich näherte er sich einem Operationssaal. Neugier überkam ihn. Er drückte gegen die schwere Metalltür und diese öffnete sich. Kalter Schweiß lief seine Stirn hinunter, befeuchtete dabei die Schnitte in seinem Gesicht und tat ihm dabei weh. Der Schmerz kam schnell und war wie Stiche. Martin wurde schwindlig. Das Licht war an! Es war ein starkes Licht, das von den Strahlern stammte, das direkt das Laken erhellte, das den OP-Tisch bedeckte. Ein Laken von entsetzlichem Anblick: zerknittert, schmutzig und voller

usado. Los utensilios diversos, manchados de sangre y con restos de materia orgánica seca y pegada, parecían sacados de una película de terror.

—¿Hay alguien por aquí?... —chilló asustado.

Solo recibió respuesta de su propio eco.

gebrauchter chirurgischer Instrumente. Die verschiedenen blutbefleckten Utensilien, an denen Reste trockenen organischen Materials klebte, schienen einem Horrorfilm zu entstammen.

"Ist hier jemand?", rief er erschrocken.

Nur sein eigenes Echo antwortete ihm.

5 – Ejercicio de reflexión

¿Sabes a qué sustantivo sustituyen los siguientes pronombres de complemento? ¿Cuáles sustituyen al complemento directo y cuáles al indirecto?

...pisó el freno inmediatamente, tan fuerte como pudo, por un momento pensó que su pie traspasaría el suelo del coche y lo perdería con la fricción contra el asfalto.

Seguidamente los robaban o los tomaban prestados a sus dueños para vivir sus aventuras. Los hacían suyos completamente. Y a pesar de no tener las llaves, los dominaban durante minutos, horas o días según la hazaña a realizar. Además, no se los devolvían jamás.

Recordó a Jan, su mejor amigo, siempre tan ordenado y generoso con él, con gusto le prestaba siempre la goma, el bolígrafo, la regla sin cuestionarle nada, a veces incluso llevaba gomas y bolígrafos de repuesto porque ya sabía que Martín se los olvidaba siempre en casa.

...un sudor frío bajó por su frente, le mojó los cortes de la cara y le provocó dolor. Se lo provocó rápido y a modo de pinchazo...

CÁPITULO 6

Efectivamente, no había nadie. El hospital tenía su propio generador; este trabajaba con energía acumulada para garantizar el suministro eléctrico en las situaciones de apagón. Al parecer, dicho generador se había puesto en marcha de forma automática al abrirse la puerta del quirófano. Martín investigó el tema, bajó a un segundo sótano con su linterna, allí observó el funcionamiento del generador durante horas y leyó los manuales de instrucciones, archivados junto a la máquina.

No le resultaba fácil comprender la técnica, ni se vio capaz de manejarlo, pero sintió una nueva inquietud: producir electricidad, a partir de ese momento sería su próximo reto. Le gustaban los retos, no podía vivir sin ellos y ahora que estaba solo aún más. El mundo de su alrededor; con insectos, vida vegetal, sol, viento, lluvia y una huella humana de siglos de historia; estaba ahí fuera a su disposición para ayudarle. Él y su ingenio debían hacer el resto. La velocidad le gustaba con locura, pero necesitaba un tiempo para reponerse del accidente; por el momento, el coche sería un medio de transporte y nada más. Las autopistas y las calles estaban llenas de vehículos parados que le obligaban siempre a conducir haciendo *zigzag*. Nuevos acontecimientos inesperados — como el del camión volcado— podían costarle demasiado caros.

6. Kapitel

Tatsächlich war da niemand. Das Krankenhaus hatte seinen eigenen Generator. Dieser arbeitete mit gespeicherter Energie, um die elektrische Versorgung bei Stromausfall zu gewährleisten. Offenbar hatte sich der Generator beim Öffnen der Tür zum OP-Saal automatisch eingeschaltet. Martin ging dem Thema nach. Mit seiner Taschenlampe stieg er in einen zweiten Keller hinab. Stundenlang beobachtete er dort die Funktionsweise des Stromerzeugers und las die Bedienungsanleitungen, die neben der Anlage aufbewahrt waren.

Es fiel ihm weder leicht, die Technik zu verstehen, noch sah er sich in der Lage, sie zu bedienen, aber er verspürte eine neue Unruhe: Elektrizität zu erzeugen wäre ab diesem Moment seine nächste Herausforderung. Er mochte Herausforderungen, er konnte ohne sie nicht leben, und nun, da er allein war, umso weniger. Die Welt um ihn herum, mit Insekten, pflanzlichem Leben, Sonne, Wind, Regen und einer menschlichen Spur jahrhundertelanger Geschichte, stand dort draußen zu seiner Verfügung, um ihm zu helfen. Er und sein Erfindungsgeist mussten den Rest erledigen. Er war zwar ganz wild auf Geschwindigkeit, aber er brauchte eine gewisse Zeit, um sich vom Unfall zu erholen; für den Moment würde das Auto ein Transportmittel sein und nichts weiter. Die Autobahnen und die Straßen waren voll von stehen gebliebenen Autos, die ihn immer zu Zickzackmanövern zwangen. Neue, unerwartete Ereignisse, wie das mit dem umgekippten LKW, könnten ihn zu teuer zu stehen kommen.

Cuando Martín abandonó el sótano y subió hasta la planta baja del hospital, empezaba a amanecer. Entró en la enfermería y buscó por armarios y estanterías, allí encontró medicamentos y vendas. Limpió la sangre seca de sus heridas, ya no le dolían, casi las había olvidado. Después abandonó el hospital sin mirar atrás e intentó borrar las imágenes de caos, sobre todo las del impactante quirófano que hacía unas horas tanto le había asustado. El sol salía despacio y una luz blanca, igual a la del día maldito, dominaba el ambiente. Tras varios intentos, arrancó por fin el motor de su Fiat Panda, Bobi se acomodó en el asiento de atrás, Martín había conseguido que el perro tragara un par de analgésicos y este se quedó dormido inmediatamente.

Martín, no conectó el navegador, no tenía objetivo que especificar, pero la intuición le llevó a un bonito barrio residencial a las afueras de la ciudad de Augsburgo. Estaba cansado, agotado, pero al mismo tiempo se sentía tranquilo; paró su coche delante de un hermoso chalet y entró forzando la puerta como ya había hecho en tantas otras ocasiones. El interior del chalet era muy hermoso, lleno de muebles antiguos, lámparas y objetos valiosos. Martín se acercó a un dormitorio, entró y se dejó caer sobre una cama blanda de lujo. Cuando Bobi se colocó a sus pies, el chico ya dormía.

Tras unas pocas horas de sueño, el hambre le

Als Martin den Keller verließ und ins Erdgeschoss des Krankenhauses hinaufstieg, begann es hell zu werden. Er betrat die Krankenstation und durchsuchte Schränke und Regale, dort fand er Medikamente und Verbände. Er reinigte seine Wunden vom getrockneten Blut. Sie taten ihm nicht mehr weh, er hatte sie fast vergessen. Danach verließ er das Krankenhaus, ohne zurück zu blicken und versuchte, die Bilder des Chaos zu löschen, vor allem die des schockierenden OP-Saals, die ihn vor einigen Stunden so sehr erschreckt hatten. Die Sonne ging langsam auf, und ein weißes Licht, genau wie das des verfluchten Tages, beherrschte die Umgebung. Nach mehreren Versuchen startete der Motor seines Fiat Panda endlich. Bobi machte es sich auf dem Rücksitz bequem, Martin hatte es hinbekommen, dem Hund ein paar Schmerztabletten zu verabreichen, und dieser schlief nun augenblicklich ein.

Martin schaltete das Navi nicht ein, er hatte kein Ziel, das er hätte eingeben können, aber die Intuition führte ihn in ein hübsches Wohnviertel in den Vororten der Stadt Augsburg. Er war müde, erschöpft, aber gleichzeitig fühlte er sich ruhig. Er hielt mit seinem Wagen vor einem schönen Landhaus und betrat dieses, nachdem er die Tür wie bereits in so vielen anderen Gelegenheiten zuvor gewaltsam geöffnet hatte. Das Innere des Landhauses war sehr schön, voll von alten Möbeln sowie kostbaren Lampen und Gegenständen. Martin ging auf ein Schlafzimmer zu, betrat es und ließ sich auf ein weiches, luxuriöses Bett fallen. Als Bobi sich zu seinen Füßen hinlegte, schlief der Junge bereits.

Nach wenigen Stunden Schlaf weckte ihn der Hun-

despertó, apenas había comido nada desde que había salido de Múnich. Buscó por la casa y encontró un par de latas de conservas de pimientos, las abrió y mordió la verdura seca sin mirarla para no sentir náuseas. Estaba tan deshidratada que no podía masticarla ni tragarla. Salió al jardín y vio revolotear una abeja, se alegró muchísimo, en Múnich había visto hormigas y moscas, pero esta era la primera vez que veía una abeja. La siguió y llegó al panal; pensó en la miel y sintió un enorme apetito: ¡tan rica y tan inaccesible! A pesar del hambre, no se acercó demasiado, las picaduras suponían un riesgo que no quería correr. Entró en la casa, tomó un *tetra brick* de leche, lo rompió con unas tijeras y encontró en el interior una masa blanca casi solidificada; la chupó y la mordió como pudo, tenía sabor a leche agria. Pensó en las botellas de leche de su casa, su madre solo compraba leche fresca, recordó el sabor, se le hizo la boca agua y su estómago se quejó de nuevo. Añoró beber un vaso de leche fresca, bien fría. Sabía que jamás volvería a probarla.

En la pared del salón de la casa colgaba una televisión con pantalla plasma de tres dimensiones con consola *PlayStation* y *Wii* conectadas.

—¡Qué chula!, si pudiera sentarme en ese sofá y ver una película comiendo una pizza de queso fundido con salami. Bobi, ¡conseguiremos crear nuestra propia electricidad!

ger. Er hatte kaum etwas gegessen, seit er aus München losgefahren war. Er durchsuchte das Haus und fand ein paar Konservendosen mit Paprika. Er öffnete sie und biss in das trockene Gemüse, ohne es anzusehen, um keine Übelkeit aufkommen zu lassen. Es war so trocken, dass er es weder kauen noch hinunterschlucken konnte. Er ging hinaus in den Garten und sah eine Biene herumfliegen. Er freute sich sehr. In München hatte er Ameisen und Fliegen gesehen, aber dies war das erste Mal, dass er eine Biene sah. Er folgte ihr und gelangte zum Bienenstock. Er dachte an den Honig und bekam großen Appetit. So lecker und so unerreichbar! Trotz des Hungers näherte er sich nicht zu sehr, die Stiche stellten ein Risiko dar, das er nicht eingehen wollte. Er betrat das Haus, nahm einen Getränkekarton mit Milch, schnitt ihn mit einer Schere auf und fand im Inneren eine fast feste, weiße Masse; er saugte an ihr und zerbiß sie, wie er nur konnte. Sie schmeckte nach saurer Milch. Er dachte an die Milchflaschen bei sich zuhause, seine Mutter hatte nur frische Milch gekauft, er erinnerte sich an den Geschmack, das Wasser lief ihm im Munde zusammen, und sein Magen beklagte sich erneut. Er vermisste es, ein Glas mit richtig kalter, frischer Milch zu trinken. Er wusste, dass er sie nie mehr wieder kosten würde.

An der Wand des Wohnzimmers des Hauses hing ein Fernseher mit 3D-Plasmabildschirm mit angeschlossener PlayStation-Konsole und Wii.

"Wie cool der ist! Könnte ich mich doch auf dieses Sofa setzen und einen Film ansehen, während ich eine Pizza mit zerlaufenem Käse und Salami esse. Bobi, wir werden es schaffen, unsere eigene Elektri-

Vamos a salir a buscar tiendas especializada por ahí. Lo de la pizza será imposible, pero la nevera y el televisor sí conseguiremos conectarlos.

Martín encontró varias llaves de coche junto a la entrada, había una de un Mercedes-Benz, otra de un BMW y una de un Volkswagen, las tomó todas y bajó al garaje de esa estupenda casa señorial. Iluminó con su linterna y vio un Volkswagen Polo aparcado, los otros dos vehículos no estaban.

Mejor así Bobi —dijo Martín mientras dejaba escapar una sonrisa.

Detrás de las plazas de estacionamiento vacías había una puerta medio abierta, se acercó a ella y entró a una sala oscura, iluminó con su linterna y descubrió cables, máquinas y cañerías de todo tipo. Una máquina le pareció familiar, la enfocó bien y observó que era muy similar a la del sótano del hospital. Una placa informaba: *funcionamiento exclusivo con energía solar.* Abandonó la casa inmediatamente, corrió hasta el otro extremo de la calle y allí observó que el tejado estaba lleno de placas solares.

—¡Bravo! —gritó—, me parece que tengo la solución... ¡Pronto tendremos electricidad! Vamos a por ella.

De repente sintió que la cabeza le daba vueltas y su estómago le llamó la atención con numerosos

zität zu erzeugen! Wir werden losgehen und nach entsprechenden Fachgeschäften suchen. Das mit der Pizza wird unmöglich sein, aber den Kühlschrank und den Fernseher zum Laufen zu bringen, das werden wir hinkriegen."

Martin fand verschiedene Autoschlüssel neben dem Eingang. Es gab einen für einen Mercedes Benz, einen für einen BMW und einen für einen Volkswagen. Er nahm alle an sich und stieg in die Garage jenes fabelhaften Herrenhauses hinunter, machte Licht mit seiner Taschenlampe und sah einen abgestellten VW Polo. Die beiden anderen Fahrzeuge waren nicht da.

"Besser so, Bobi", sagte Martin, während ihm ein Lächeln auskam.

Hinter den leeren Stellplätzen stand eine Tür halb offen. Er ging näher und betrat einen dunklen Raum. Er erhellte ihn mit seiner Taschenlampe und entdeckte Kabel, Maschinen und Rohrleitungen aller Art. Eine der Anlagen kam ihm bekannt vor. Er beleuchtete sie genauer und stellte fest, dass sie der des Krankenhauskellers sehr ähnlich war. Ein Schild informierte: *Betrieb ausschließlich mit Solarenergie*. Sofort verließ er das Haus, rannte bis ans andere Ende der Straße und sah von dort aus, dass das Dach voll von Sonnenkollektoren war.

"Bravo!", schrie er, "mir scheint, ich habe die Lösung... Bald werden wir Strom haben. Auf geht's."

Auf einmal merkte er, dass sich in seinem Kopf alles drehte, und sein Magen mit zahlreichen Geräuschen

sonidos, al parecer la leche solidificada y los pequeños pedazos de pimiento duro que había conseguido tragar no habían sido suficientes. El hambre y sobre todo la sed le estaban matando. No había llovido desde que estaba en Augsburgo y no tenía agua acumulada. La electricidad tendría que esperar, las prioridades ahora eran beber y alimentarse.

Martín tomó el Volkswagen y se puso en busca de comida, después de unos diez minutos pasó por una zona comercial con tiendas diversas y restaurantes de comida rápida. Había grandes anuncios; la publicidad de alimentos y bebidas le rodeaba: sabrosas patatas fritas, jugosas hamburguesas, helados de colores... todo delicioso y todo cuidadosamente fotografiado y trabajado con técnicas de *fotoshop* que él conocía, para aparecer aún más apetitoso a los ojos del consumidor.

—¡Qué hambre!, no puedo más, hay que buscar un campo de árboles frutales.

Así lo hizo. A las afueras de la ciudad encontró ciruelos, manzanos y castaños junto a un lago, recogió mucha fruta y consiguió por fin llenar su estómago con ciruelas y manzanas; las castañas la guardó. Bebió y se bañó en el lago, disfrutó del agua como nunca. Sabía que podía ser peligroso beber de lagos y ríos, las bacterias podían causarle una mala pasada y provocarle gastroenteritis, pero su sed no le dejó otra opción.

Habían pasado tres semanas desde el día maldi-

auf sich aufmerksam machte. Scheinbar waren die verfestigte Milch und die kleinen Stücke harter Paprika, die er zu schlucken vermocht hatte, nicht genug. Der Hunger und vor allem der Durst brachten ihn um. Seit er in Augsburg war, hatte es nicht geregnet, und er hatte kein gesammeltes Wasser. Der Strom würde warten müssen, Priorität hatten jetzt trinken und sich ernähren.

Martin nahm den Volkswagen und ging auf Suche nach Essen. Nach etwa zehn Minuten kam er an einem Geschäftsviertel mit verschiedenen Läden und Schnellrestaurants vorbei. Es gab große Anzeigetafeln: die Werbung für Lebensmittel und Getränke umzingelte ihn: schmackhafte Pommes Frites, saftige Hamburger, buntes Eis ... alles köstlich und alles sorgfältig fotografiert und mit *Photoshop*-Technik bearbeitet, die er kannte, um vor den Augen des Konsumenten noch appetitlicher zu wirken.

"Was für ein Hunger, ich kann nicht mehr. Ich muss eine Wiese mit Obstbäumen suchen."

So tat er es. Außerhalb der Stadt fand er Pflaumenbäume, Apfelbäume und Esskastanien an einem See. Er pflückte viel Obst und schaffte es endlich, seinen Magen mit Pflaumen und Äpfeln zu füllen; die Maroni hob er auf. Er trank und badete im See, genoss das Wasser wie nie. Er wusste, es konnte gefährlich sein, aus Seen und Flüssen zu trinken, die Bakterien konnten ihm schlecht bekommen und ihm eine Gastroenteritis bescheren, aber sein Durst ließ ihm keine andere Wahl.

Drei Wochen waren seit dem verfluchten Tag ver-

to, los alimentos secos enlatados le resultaban ya repugnantes y casi no podía tragarlos. Solo le quedaba la fruta fresca de los árboles, el azúcar, el cacao y la leche en polvo. También tenía la posibilidad de comer los platos precocinados deshidratados, como sopas y puré de patata, todo ello debía combinarlo con agua fresca si quería seguir sano. Su necesidad de generar electricidad era cada vez mayor, el otoño no duraría para siempre y tenía que encontrar un modo de cocinar alimentos y conservar la fruta. No quería pasarse el invierno tragando alimentos en polvo. La electricidad le ayudaría, podría hervir el agua de los lagos si le faltara la de lluvia, cocer arroz y frutas de otoño para hacer mermeladas. Además podría conservarlo en el frigorífico.

De camino a su mansión, se detuvo en el centro comercial de los grandes anuncios, cogió un carro de la compra y entró en los grandes almacenes. Primero fue hacia la sección de los alimentos y tomó algunos precocinados, se endulzó la mañana con un sobre de cacao en polvo que dejó disolver lentamente en su boca. Después, se aproximó a la sección electrónica y se llevó cables, bombillas, herramientas y toda la información que encontró sobre generadores de energía solar; también fue a la sección del automóvil y tomó baterías nuevas y más cables. Antes de abandonar la tienda pasó un rato leyendo y distrayéndose con revistas y libros, y seleccionó algunos DVDs.

gangen. Die in ihren Dosen vertrockneten Lebensmittel ekelten ihn bereits an, und er konnte sie kaum herunterschlucken. Schon blieben ihm nur noch das frische Obst an den Bäumen, der Zucker, der Kakao und das Milchpulver. Er hatte auch die Möglichkeit, getrocknete Fertiggerichte wie Suppen und Kartoffelpüree zu essen, all das musste er mit frischem Wasser vermengen, wenn er gesund bleiben wollte. Sein Bedarf an Erzeugung von Elektrizität wurde jedes Mal größer, der Herbst würde nicht ewig dauern und er musste einen Weg finden, Lebensmittel zu kochen und das Obst zu konservieren. Er wollte den Winter nicht damit zubringen, Lebensmittel in Pulverform zu verzehren. Der Strom würde ihm helfen, er würde das Wasser der Seen abkochen können, wenn ihm das Regenwasser ausginge, Reis garen und Herbstfrüchte einkochen können, um Marmelade zu machen. Außerdem würde er es im Kühlschrank aufbewahren können.

Auf dem Weg in seine Villa legte er einen Zwischenstopp im Einkaufsviertel mit den großen Werbeschildern ein. Er nahm einen Einkaufswagen und betrat ein großes Warenhaus. Zuerst ging er in die Lebensmittelabteilung und nahm ein paar Fertiggerichte, versüßte sich den Morgen mit einem Päckchen Pulverkakao, den er sich langsam im Mund zergehen ließ. Danach wandte er sich der Elektronikabteilung zu und nahm Kabel, Glühbirnen, Werkzeuge und alles an Informationen mit, was er über Solarenergie-Erzeuger fand. Auch die Automobilabteilung suchte er auf und nahm neue Batterien und noch mehr Kabel mit. Bevor er das Geschäft verließ, verbrachte er eine Weile damit, Zeitschriften und Bü-

Regresó a casa con una sonrisa y 10 DVDs de películas no recomendadas para menores de 18 años.

Cuando el Volkswagen Polo entró en el garaje de la mansión, empezaban a caer gotas. El chico aparco rápido para recolectar agua de lluvia, al hacerlo golpeó el coche contra la pared y lo rayó. Esta vez no le importó.

—¡Por fin podremos beber Bobi! —dijo Martín mientras subía las escaleras y salía a la calle. Bobi y él se tumbaron sobre el césped y se empaparon a gusto con el agua de la lluvia.

cher zu lesen und sich damit abzulenken, und suchte sich ein paar DVDs heraus. Mit einem Lächeln und zehn DVDs mit Filmen mit einer Altersfreigabe ab 18 fuhr er nach Hause zurück.

Als der VW Polo in die Garage der Villa hineinfuhr, begannen Tropfen herabzufallen. Der Junge parkte schnell ein, um Regenwasser aufzufangen, und stieß dabei mit dem Auto an die Wand und zerkratzte es. Dieses Mal war es ihm egal.

"Endlich werden wir trinken können, Bobi!" sagte Martin, während er die Treppen hinauflief und auf die Straße hinaustrat. Bobi und er legten sich auf den Rasen und ließen sich gern völlig vom Regenwasser durchnässen.

6 – Ejercicio de transformación

¿Puedes transformar las frases de modo que seas tú y no Martín el protagonista de la historia?, ¿tienes que transformarlas todas?

No le resultaba fácil comprender la técnica, ni se vio capaz de manejarlo, pero sintió una nueva inquietud: producir electricidad, a partir de ese momento sería su próximo reto. Le gustaban los retos.

Nuevos acontecimientos inesperados —como el del camión volcado— podían costarle demasiado caros.

Solo le quedaba la fruta fresca de los árboles, el azúcar, el cacao y la leche en polvo. También tenía la posibilidad de comer los platos precocinados deshidratados, como sopas y puré de patata, todo ello debía combinarlo con agua fresca si quería seguir sano.

—¡Bravo! —gritó—, me parece que tengo la solución…

CAPÍTULO 7

Llegó diciembre, y con él los primeros copos de nieve pintaron de blanco los tejados de Augsburgo. Martín miró por la ventana desde el salón de la mansión, convertida ahora en su hogar principal. Recordó con nostalgia las primeras nevadas de los inviernos "normales", que observaba desde su casa en Múnich. Añoraba la sensación agridulce que le producía entonces saber que, por un lado, los días templados con mucha luz se despedían, y por el otro, las montañas blancas y las jornadas de esquí estaban a la vuelta de la esquina.

Pensar en sensaciones pasadas era ridículo ahora, cuando el reto de sobrevivir estaba sobre la mesa. A pesar de que se esforzaba en mantenerse ocupado, la soledad a veces le ahogaba. Cuando se levantaba por la mañana, jugaba con sus pensamientos y se hacía trampas a sí mismo; intentaba olvidar su nueva situación por unos instantes, pensaba que si ocupaba su mente con los hábitos del pasado, este un día volvería a aparecer. Pero no aparecía. Cada día lo intentaba y cada día fracasaba.

Martín había acomodado varias casas en Augsburgo, la estupenda mansión a la que llegó un día con su Fiat Panda fue la primera casa en la que, gracias a las placas solares y al generador, consiguió generar electricidad.

7. Kapitel

Der Dezember kam, und mit ihm bemalten die ersten Schneeflocken die Dächer von Augsburg weiß. Martin sah vom Wohnzimmer der Villa aus dem Fenster, die er nun zu seinem Hauptwohnsitz gemacht hatte. Mit Wehmut erinnerte er sich an die ersten Schneefälle der "normalen" Winter, die er von seinem Haus in München aus beobachtet hatte. Er sehnte sich nach dem süßsauren Gefühl, das es ihm damals bereitet hatte, zu wissen, dass sich auf der einen Seite die lichterfüllten Tage verabschiedeten, und auf der anderen die weißen Berge und die Tagesskiausflüge gleich um die Ecke waren.

An die vergangenen Gefühle zu denken, war jetzt lächerlich, wo die Herausforderung zu überleben im Vordergrund stand. Obwohl er sich bemühte, stets beschäftigt zu sein, erstickte ihn die Einsamkeit zuweilen. Wenn er morgens aufstand, spielte er mit seinen Gedanken und trickste sich selbst aus; er versuchte, seine neue Situation ein paar Augenblicke lang zu vergessen. Er dachte, wenn er seinen Verstand mit Gewohnheiten aus der Vergangenheit beschäftigte, würde diese eines Tages zurückkehren. Aber sie kam nicht zurück. Jeden Tag versuchte er es, und jeden Tag scheiterte er dabei.

Martin hatte verschiedene Häuser in Augsburg hergerichtet. Die fabelhafte Villa, bei der er eines Tages mit seinem Fiat Panda gelandet war, war das erste Haus, in dem er es dank der Solarzellen und dem Generator geschafft hatte, Elektrizität zu erzeugen.

Allí funcionaban: la nevera, el congelador, la cocina de vitrocerámica, y además tenía calefacción limitada en el dormitorio y una chimenea de leña en el salón. En el congelador y en la nevera había guardado reservas de frutas, mermeladas y purés hechos con leche en polvo y alguna verdura de jardines próximos. Martín no había querido volver a instalarse en Múnich, no había vuelto a su casa ni una sola vez. Empezar de nuevo y vivir la vida que tenía que vivir con éxito era más fácil lejos de su antiguo hogar.

En la misma zona residencial de su mansión en Augsburgo, había generado electricidad en otras dos casas más, gracias a las placas solares y a generadores especiales. Se había acomodado dormitorios con calefacción en dichas casas también. Había entrado y visitado casi todas casas del barrio y había cogido películas, libros y ropa a su medida de muchos armarios. Normalmente abandonaba la ropa cuando estaba sucia y se buscaba algo nuevo. A veces, en los soleados días de otoño, se acercaba a algún río o lago, lavaba la ropa y se bañaba; sin embargo, por precaución, no volvió a beber agua sin hervir, tampoco lo necesitó, pues las lluvias fueron abundantes. Nunca vio peces, ni ranas, ni cangrejos, ni vida animal dentro del agua. Se preguntaba si en el mar aquello sería distinto. Hasta el momento, aparte de Bobi, los únicos animales que parecían haber sobrevivido eran los insectos. ¡Qué extraño era todo!

Dort funktionierten: der Kühlschrank, die Tiefkühltruhe, das Ceranfeld, und außerdem hatte er eine gewisse Heizleistung im Schlafzimmer und einen Kaminofen für Holzscheite im Wohnzimmer. In der Tiefkühltruhe und im Kühlschrank hatte er Obstreserven, Marmeladen und aus Milchpulver und einigen Gemüsesorten aus benachbarten Gärten hergestellte Pürees aufbewahrt. Martin hatte sich nicht wieder in München einrichten wollen, er war nicht ein einziges Mal zu seinem Zuhause zurück gekehrt. Ganz von vorne anzufangen und das Leben zu leben, das er hatte, mit Erfolg zu meistern, war fern von seinem ehemaligen Zuhause leichter.

Im gleichen Wohnviertel seiner Villa in Augsburg hatte er in zwei weiteren Häusern Elektrizität erzeugt, dank der Solarzellen und speziellen Generatoren. Auch in diesen Häusern hatte er sich Schlafzimmer mit Heizung hergerichtet. Er hatte fast alle Häuser des Viertels betreten und ihnen einen Besuch abgestattet, und Filme, Bücher und Kleidung in seiner Größe aus vielen Schränken mitgenommen. Normalerweise warf er die Kleidung weg, wenn sie schmutzig war, und suchte sich etwas Neues. An den sonnigen Herbsttagen fuhr er manchmal zu irgendeinem Fluss oder See, wusch die Wäsche und badete; aus Vorsicht trank er jedoch kein Wasser mehr daraus, ohne es vorher abzukochen, er brauchte es auch nicht, denn die Regenfälle waren üppig. Nie sah er Fische, Frösche, Krebse oder sonstiges tierisches Leben im Wasser; er fragte sich, ob das im Meer wohl anders war. Außer Bobi schienen Insekten bisher die einzigen Tiere zu sein, die den verfluchten Tag überlebt hatten. Wie seltsam alles war!

Bobi le seguía a todas partes al principio, pero después dio la impresión de estar débil y se quedaba en casa, siempre tumbado e inactivo. Martin creía que estaba enfermo por la falta de carne en su alimentación, las latas en conserva ya no eran comestibles y su comida fresca era exclusivamente vegetal. A menudo le machacaba pastillas de hierro, que había cogido junto a otros medicamentos de la farmacia del barrio, y las mezclaba con arroz hervido en agua de lluvia, pero Bobi comía muy poco.

Desde el momento en el que consiguió generar electricidad, el chico había pasado muchas horas en el sofá junto a Bobi, frente al estupendo televisor de plasma mirando DVDs y jugando a la *Play Station*. Había visto muchas películas, al principio miraba solo de acción, la mayoría para mayores de 18 años. Se distraía con disparos, coches caros, y escenas prohibidas de espectaculares mujeres y detectives irreales; pero un día se aburrió. De pronto, ver volar coches caros por los aires u observar mujeres desnudas de cuerpo diez provocando a detectives que creían estar sobre el bien y el mal, dejó de gustarle y empezó a fastidiarle.

Buscó entonces documentales en la biblioteca y en otras casas sobre temas científicos y sociales. Aprendió mucho con los documentales, llegó a la conclusión de que unas semanas de documentales, le habían enseñado más que años de colegio. Gracias a ellos pudo conocer muchos detalles de las fuentes de energías naturales, también descu-

Bobi folgte ihm anfangs überall hin, doch später erweckte er den Eindruck, schwach zu sein und blieb zu Hause, immer liegend und inaktiv. Martin glaubte, er sei wegen dem fehlenden Fleisch in seiner Ernährung krank. Die Konservendosen waren nicht mehr essbar, und sein frisches Futter war ausschließlich pflanzlich. Oft zerstieß er ihm Eisentabletten, die er mit anderen Medikamenten aus der Apotheke des Viertels mitgenommen hatte, und vermischte sie mit Reis, den er in Regenwasser gekocht hatte, aber Bobi fraß sehr wenig.

Seit dem Moment, in dem er es geschafft hatte, Elektrizität zu erzeugen, hatte der Junge viele Stunden vor dem fabelhaften Plasmafernseher neben Bobi auf dem Sofa verbracht, DVDs angesehen und *PlayStation* gespielt. Er hatte viele Filme angesehen, erst sah er nur Aktionfilme an, die meisten für über Achtzehnjährige. Er lenkte sich mit Schüssen, teuren Autos und verbotenen Szenen mit aufsehenerregenden Frauen und unwirklichen Detektiven ab, aber eines Tages langweilte er sich. Plötzlich hörte es auf, ihm zu gefallen, teure Autos durch die Luft fliegen zu sehen oder nackte Klassefrauen dabei zu beobachten, wie sie Detektive aufreizten, die sich über Gut und Böse erhaben wähnten, und es begann, ihm auf die Nerven zu gehen.

Also suchte er Dokumentarfilme über wissenschaftliche und soziale Themen in der Bibliothek und anderen Häusern. Mit den Dokumentarfilmen lernte er viel, er kam zu dem Schluss, dass ihm einige Dokumentarfilmwochen mehr beigebracht hatten als ein paar Jahre Schule. Dank ihnen konnte er viele Feinheiten über natürliche Energiequellen kennenlernen,

brió sustancias químicas y aprendió sobre el uso de algunos medicamentos. Amplió sus conocimientos de mecánica y entendió como funcionaba el motor de un coche y el de un generador.

Cuando acabó con la técnica y la medicina —mejor dicho, cuando estos temas ya se le hicieron incomprensibles por su complejidad—, empezó a ver DVDs sobre culturas lejanas y se dio cuenta de que las vidas de gente tan desconocida y distinta, como las de tribus africanas o de indígenas, podían serle de gran ayuda. Se trataba de sociedades sin recursos que hasta el día maldito solo habían sido para él gente exótica con conocimientos primitivos y que poco tenía que ver con su vida diaria. Además, vivían en países lejanos, de un lugar llamado tercer mundo, al que al parecer no se podía ayudar por su corrupción política.

Nunca entendió lo de "tercer mundo", quizá era como en el fútbol: unos jugaban en primera, otros no tan buenos en segunda y los peores en tercera división. Tampoco le preocupaba demasiado, su equipo jugaba en primera, su país Alemania también; sabía por sus padres que cuando llegaba Navidad había que donar algo de dinero para esos *de tercera* y ahí acababa el asunto para él y para todos los chicos de su edad.

Después de ver un documental sobre el desierto sintió curiosidad por las tribus del Sáhara y buscó

er entdeckte auch chemische Substanzen und lernte etwas über den Gebrauch einiger Medikamente. Er erweiterte seine Kenntnisse in Mechanik und verstand, wie der Motor eines Autos funktionierte – und der eines Generators.

Als er mit Technik und Medizin durch war – besser gesagt, als diese Themen irgendwann aufgrund ihrer Komplexität unverständlich für ihn wurden –, begann er, DVDs über ferne Kulturen zu sehen, und bemerkte, dass das Leben von so unbekannten und andersartigen Menschen wie das afrikanischer Stämme oder anderer Eingeborener eine große Hilfe für ihn sein konnten. Es handelte sich um mittellose Gesellschaften, die bis zu jenem verfluchten Tag für ihn nur exotische Leute mit primitivem Wissen gewesen waren und wenig mit seinem täglichen Leben zu tun hatten. Außerdem lebten sie in fernen Ländern in einem *Dritte Welt* genannten Ort, dem aufgrund seiner politischen Korruption offenbar nicht zu helfen war.

Das mit der *Dritten Welt* hatte er ohnehin nie verstanden. Vielleicht war das wie beim Fußball: einige spielten in der ersten Liga, andere, die nicht so gut waren, in der zweiten, und die schlechtesten in der dritten. Es kümmerte ihn auch nicht besonders; seine Mannschaft spielte in der ersten, und seine Heimat Deutschland ebenfalls; er wusste durch seine Eltern, dass man in der Weihnachtszeit für die *aus der Dritten* etwas Geld spenden musste, und da endete die Angelegenheit für ihn und alle Jugendlichen seines Alters.

Nachdem er einen Dokumentarfilm über die Wüste gesehen hatte, war er auf die Stämme der Sahara

más información. Se quedó muy sorprendido al descubrir que algunos pueblos aún eran nómadas y que cambiaban de hogar según el clima. Buscó pistas para averiguar cómo se alimentaban durante sus viajes y descubrió que comían los insectos que encontraban tostados al fuego. Al parecer había muchos insectos comestibles en el mundo.

—¡Qué listos son, Bobi!, aprenderemos de ellos —comentó en voz alta—. Dadas nuestras circunstancias, debemos fijarnos en las estrategias de estos pueblos, ellos no dependen de la energía eléctrica ni del petróleo. Ya verás, pronto te pondrás bien y viajaremos juntos por el mundo.

Bajó al sótano de la casa, sabía que había un hormiguero allí y también había visto algunas arañas. ¿Por qué habían sobrevivido los insectos al día maldito? Esa era también una de las grandes preguntas. Vació un sobre de azúcar dentro de un plato con agua: después de unas horas estaba lleno de hormigas muertas flotando. ¡Ya tenían carne! Tomó las hormigas y las tostó en una sartén junto a dos arañas, después añadió los polvos de un preparado deshidratado de lasaña con algo de agua de lluvia y lo cocinó junto hasta conseguir una masa. Lo dejó enfriar y sirvió dos porciones.

—Es mejor que nada, Bobi, lo compartiremos.

neugierig geworden, und suchte nach mehr Information. Er war sehr erstaunt, als er entdeckte, dass einige Völker noch Nomaden waren, und je nach Klima ihren Wohnort wechselten. Er suchte nach Spuren von Wissen darüber, wie sie sich auf ihren Reisen ernährten, und entdeckte, dass sie die Insekten verspeisten, die sie fanden, nachdem sie sie am Feuer geröstet hatten. Offenbar gab es viele essbare Insekten auf der Welt.

"Wie schlau sie doch sind, Bobi! Wir werden von ihnen lernen", kommentierte er mit lauter Stimme. Unter unseren Umständen müssen wir uns nach den Strategien dieser Völker richten, sie hängen weder von elektrischer Energie noch von Erdöl ab. Du wirst schon sehen, bald wird es dir gut gehen, und wir werden zusammen um die Welt reisen."

Er stieg in den Keller des Hauses hinab. Er wusste, dass es dort einen Ameisenhaufen gab, und er hatte auch ein paar Spinnen gesehen. Warum hatten die Insekten den verfluchten Tag überlebt? Das war ebenfalls eine der großen Fragen. Er entleerte ein Tütchen Zucker in einen Teller mit Wasser: Nach ein paar Stunden war er voll von toten Ameisen, die auf dem Wasser schwammen. Und schon hatten sie Fleisch! Er nahm die Ameisen und röstete sie mit zwei Spinnen in einer Pfanne. Danach fügte er das Pulver eines gefriergetrockneten Lasagne-Gerichtes mit etwas Regenwasser hinzu und garte das Ganze, bis es zu einer Masse geworden war. Er ließ es abkühlen und trug zwei Portionen auf.

"Besser als nichts, Bobi. Wir werden es miteinander teilen."

7 – Ejercicio de transformación

Transforma el párrafo anterior, sustituye *Cuando se levantaba por la mañana* por *Aquel miércoles, se sintió triste justo al despertarse.* Escribe el resto del texto con la forma verbal correcta.

~~Cuando se levantaba por la mañana~~, *jugaba con sus pensamientos y se hacía trampas a sí mismo; intentaba olvidar su nueva situación por unos instantes, pensaba que si ocupaba su mente con los hábitos del pasado, este un día volvería a aparecer. Pero no aparecía.*

Aquel miércoles, se sintió triste justo al despertarse,...

CAPÍTULO 8

Llegaron fuertes vientos y tormentas otoñales con rayos, truenos y lluvias torrenciales. Martín y Bobi se quedaron en casa, asustados, observando el espectáculo eléctrico y recogieron gran cantidad de agua. El sol parecía no querer volver y Martín se preguntaba si aquellas tormentas tendrían alguna conexión con el día maldito. Quedarse en casa se le hacía difícil y cuando, tras tres días de incertidumbre, el sol por fin volvió a brillar, Martín quiso salir al exterior inmediatamente.

Conducía con dificultad y comprobó que moverse por Augsburgo era muy difícil, el estado de las calles, carreteras y autopistas había empeorado mucho y tenía que parar constantemente el vehículo, salir y limpiar la vía para conseguir hacerse paso. Los fuertes vientos habían colocado a su antojo objetos por todas partes: ramas de árboles caídas, contenedores de basura estropeados, neumáticos sueltos, señales de tráfico rotas, maderas partidas, cajas, bolsas, letreros y residuos de toda clase. Todo ello aparecía esparcido a modo de alfombra por la ciudad. Martín tuvo también dificultades para llenar el depósito de gasolina de su coche, las mangueras de la gasolinera estaban ya deterioradas, y así fue como se dio cuenta de que había perdido la libertad de movimiento.

Augsburgo se estaba convirtiendo en una ciudad en ruinas y él, asustado y resignado, se pregunta-

8. Kapitel

Starke Winde und Herbstgewitter mit Blitzen, Donner und sintflutartigen Regenfällen brachen los. Martin und Bobi blieben erschreckt zuhause, beobachteten das elektrische Spektakel und sammelten eine große Menge Wasser. Die Sonne schien nicht zurückkehren zu wollen, und Martin fragte sich, ob jene Gewitter mit dem verfluchten Tag zu tun hatten. Zuhause zu bleiben, fiel ihm schwer, und als die Sonne nach drei Tagen der Ungewissheit endlich wieder schien, wollte Martin sofort nach draußen.

Er lenkte mit Schwierigkeit und stellte fest, dass es sehr beschwerlich war, sich durch Augsburg zu bewegen, der Zustand der Straßen, Landstraßen und Autobahnen hatte sich stark verschlechtert und er musste ständig das Fahrzeug anhalten, aussteigen und den Weg freimachen, um vorwärts zu kommen. Die starken Winde hatten nach Belieben überall Gegenstände verstreut: heruntergefallene Äste, kaputte Mülltonnen, lose Autoreifen, abgebrochene Verkehrsschilder, zerbrochenes Holz, Kisten, Tüten, Schilder und Müll aller Art. All dies schien wie eine Art Teppich über die Stadt ausgebreitet. Martin hatte auch Schwierigkeiten, den Benzintank seines Autos zu füllen. Die Schläuche der Tankstelle waren bereits beschädigt, und so wurde ihm klar, dass er seine Bewegungsfreiheit verloren hatte.

Augsburg war dabei, sich in eine Ruinenstadt zu verwandeln, und er, erschreckt und resigniert, fragte

ba si el resto del mundo ofrecería el mismo aspecto desolador. Se pasó horas por las calles, se acercó al centro comercial, a la farmacia, a la biblioteca y tomó allí alimentos en polvo, medicamentos, libros y películas; seguidamente se dirigió a una de las casas que tenía habilitada con calefacción y pasó allí la noche. A la mañana siguiente, cuando se despertó, vio que la nieve cubría las calles y que era imposible ver la superficie, supo entonces que tendría que quedarse instalado un tiempo en ese nuevo hogar. Era una casa bastante más pequeña que la mansión, pero muy moderna y acogedora. Allí, por el momento, estaba todo en su sitio y eso le transmitía paz y le ayudaba a olvidar el caos de afuera.

Buscando por los armarios, Martín encontró un uniforme de piloto y se lo puso, le quedaba grande y le invitaba tener grandes sueños. Vestido de piloto se tumbó en el suelo, cerró los ojos y dejó volar su imaginación hasta el interior de un avión: él era el piloto y Bobi su pasajero, volaban hacia un lugar cálido y acogedor, lleno de frutas tropicales y templadas aguas de mar...

Abrió los ojos y el blanco de la nieve cubriendo el cristal de la ventana le asustó. Se levantó, se dirigió al ordenador del escritorio y lo encendió, sin el *password* no tuvo acceso a los programas. Decidió buscarlo entre los documentos de la casa, invirtió horas y horas, pero no lo encontró. A fuera, la nieve no dejó de caer, cuánto más intensiva-

sich, ob der Rest der Welt wohl denselben trostlosen Anblick bot. Stundenlang streifte er durch die Straßen, stattete dem Einkaufszentrum einen Besuch ab, der Apotheke, der Bücherei, und nahm von dort Nahrungsmittel in Pulverform mit, Medikamente, Bücher und Filme. Gleich danach fuhr er zu einem der Häuser, die er mit Heizung ausgestattet hatte und verbrachte dort die Nacht. Als er am nächsten Morgen erwachte, sah er, dass der Schnee die Straßen bedeckte, und es unmöglich war, den Untergrund zu sehen. Da wusste er, dass er sich für eine Zeitlang in diesem neuen Zuhause einrichten musste. Es war ein erheblich kleineres Haus als die Villa, aber sehr modern und gemütlich. Dort war für den Moment alles an seinem Platz, und das vermittelte ihm Frieden und half ihm, das Chaos draußen zu vergessen.

Als er die Schränke durchsuchte, fand Martin eine Pilotenuniform und zog sie an, sie war ihm zu groß und lud ihn ein, große Träume zu haben. Als Pilot gekleidet legte er sich auf den Boden, schloss die Augen und ließ seine Vorstellung in das Innere eines Flugzeugs fliegen: er war der Pilot und Bobi sein Passagier. Sie flogen an einen warmen und gemütlichen Ort, voll von tropischen Früchten und warmem Meerwasser ...

Er öffnete die Augen, und das Weiß des Schnees, das die Fensterscheibe bedeckte, erschreckte ihn. Er stand auf, wandte sich dem Computer auf dem Schreibtisch zu und schaltete ihn ein, ohne Passwort hatte er keinen Zugang zu den Programmen. Er entschied sich, es in den Dokumenten des Hauses zu suchen, investierte Stunden um Stunden, aber er fand es nicht. Draußen hörte der Schnee nicht auf

mente buscaba él dentro, más nevaba afuera. Finalmente se rindió y decidió abandonar la búsqueda.

Tenía hambre y sed, se acercó a la nevera para tomar algo y al abrirla vio un *post-it* pegado en la puerta: *Donau* y tres treses. Corrió al ordenador, escribió *Donau333*. Sonrió, había dado en el clavo, el *password* era correcto y se le habían abierto las puertas del sistema. Fuera dejó de nevar y un tímido rayo de sol entró por el cristal.

—Ya ves Bobi, solo hay que dejar de buscar algo... ¡para encontrarlo! Deberíamos hacer lo mismo con nuestras vidas y dejar de buscar salidas, remedios para curarte, lugares para vivir. Quizá la solución llegaría así, por "arte de magia", como este *password*.

Martín, olvidó la nevera, la sed y el hambre y se sumergió en el ordenador; allí, encontró varios juegos de simulación aérea y se pasó el día jugando. Al principio le resultaba muy difícil dominar el despegue y el aterrizaje, pero después de pasarse horas frente a la pantalla consiguió pilotar virtualmente de forma correcta. Soñó de nuevo y pensó en dar vida a sus sueños: conduciría hasta el aeropuerto y se aproximaría a los aviones reales para ver las similitudes y diferencias con los aviones de los juegos.

zu fallen, je intensiver er drinnen suchte, desto heftiger schneite es draußen. Schließlich gab er auf und entschied, die Suche abzubrechen.

Er hatte Hunger und Durst, ging zum Kühlschrank, um etwas zu holen, und als er ihn öffnete, sah er ein Post.it an der Tür kleben: *Donau* und drei Dreier. Er rannte zum Computer und gab "*Donau333*" ein. Er lächelte; er hatte den Nagel auf den Kopf getroffen, das Passwort war richtig, und die Türen des Systems hatten sich ihm geöffnet. Draußen hörte es auf zu schneien, und ein schüchterner Sonnenstrahl trat durch die Scheibe.

"Siehst du Bobi, man muss nur aufhören, etwas zu suchen ... um es zu finden! Dasselbe müssten wir mit unserem Leben machen und aufhören, Auswege zu suchen, Möglichkeiten, dich zu heilen, Orte, um zu leben. Vielleicht käme die Lösung dann so, durch "Zauber" - wie dieses Passwort.

Martin vergaß den Kühlschrank, den Durst und den Hunger und vertiefte sich in den Computer; dort fand er verschiedene Spiele für Flugsimulation, und vertrieb sich den Tag mit Spielen. Am Anfang kam es ihm sehr schwierig vor, Start und Landung zu beherrschen, aber nachdem er mehrere Stunden vor dem Bildschirm verbracht hatte, schaffte er es, virtuell richtig zu fliegen. Erneut träumte er und dachte daran, seinen Träumen Leben einzuhauchen: er würde zum Flughafen fahren und sich die echten Flugzeuge aus der Nähe betrachten, um die Ähnlichkeiten und Unterschiede zwischen ihnen und den Flugzeugen der Spiele zu sehen.

Esperó impaciente varios días deseando que dejara de nevar, leía manuales de aviación que no entendía, pero seguía leyendo y leyendo, y así pasaba las horas hasta que se dormía. De forma virtual, preparó una ruta hasta el norte de África y voló allí una y otra vez. Afuera siguió nevando, sus posibilidades de movimiento se hicieron muy limitadas. Solo se desplazaba caminando por el barrio y se movía por las casas próximas, llegar a la mansión en la que había vivido anteriormente le resultaba imposible. Bobi estaba débil y pasaba casi todo el tiempo tumbado sobre la alfombra.

Martín fue acumulando preparados de puré de patata y de leche en polvo de todo el vecindario y dejó platos con agua y azúcar en muchos sótanos para atraer a las hormigas, pero con la nieve los insectos desaparecieron y con ellos la única posibilidad de comer carne fresca.

Un día al amanecer sintió un frío horrible dentro de su cama, de poco le servían las mantas, tenía la impresión de estar dentro de una nevera, se levantó y comprobó que no funcionaba la calefacción. Las reservas de energía solar de la casa se habían agotado, a partir de ese momento su única fuente de calor sería la leña que quemaba en la chimenea del salón. Martín se acercó a Bobi, que dormía frente a la chimenea, le cubrió con un par de mantas y salió a la calle. Su intención era buscar un vehículo con una pala incorporada para quitar la nieve y poder regresar a su mansión. Al abrir la puerta, la nieve le golpeó la cara, en ese

Ungeduldig wartete er ein paar Tage und wünschte, es würde aufhören zu schneien, las Flughandbücher, die er nicht verstand, aber trotzdem weiter las und weiter las, und so verbrachte er die Stunden, bis er einschlief. Virtuell bereitete er eine Route nach Nordafrika vor und flog dort ein ums andere Mal hin. Draußen schneite es weiter, seine Bewegungsmöglichkeiten wurden sehr eingeschränkt. Er pendelte nur zu Fuß innerhalb des Viertels hin und her und bewegte sich in den naheliegenden Häusern; zur Villa zu gelangen, in der er vorher gewohnt hatte, war ihm unmöglich. Bobi war schwach und verbrachte fast die ganze Zeit damit, auf dem Teppich zu liegen.

Martin sammelte Fertigkartoffelpüree und Milchpulver in der gesamten Nachbarschaft ein und hinterließ Teller mit Wasser und Zucker in vielen Kellern, um die Ameisen anzulocken, aber mit dem Schnee waren die Insekten verschwunden, und mit ihnen die einzige Möglichkeit, frisches Fleisch zu essen.

Eines Tages bei Tagesanbruch fühlte er furchtbare Kälte in seinem Bett, die Decken halfen ihm wenig, er hatte das Gefühl, in einem Kühlschrank zu sein, stand auf und stellte fest, dass die Heizung nicht funktionierte. Die Reserven an Solarenergie des Hauses waren aufgebraucht, ab diesem Moment würden die Holzscheite, die er im Kamin des Wohnzimmers verbrannte, seine einzige Wärmequelle sein. Martin näherte sich Bobi, der vor dem Kamin schlief, deckte ihn mit ein paar Decken zu und ging auf die Straße hinaus. Seine Absicht war es, ein Fahrzeug mit Schneepflug zu suchen, um den Schnee zu räumen und zu seiner Villa zurückkehren zu können. Als er die Tür öffnete, schlug ihm der

momento supo que tenía que marcharse de allí.

Pasó horas andando por el barrio, entró en muchos garajes y por fin encontró un todoterreno con pala quitanieves incorporada en una casa grande, situada al final del barrio. No lo pensó dos veces, buscó la llave y lo arrancó; se familiarizó con el uso de la pala y limpiando las calles de nieve consiguió llegar hasta su antigua mansión. Sintió una alegría indescriptible al comprobar que la electricidad sí funcionaba y al encontrar los platos con agua del sótano llenos de hormigas muertas flotando. Se apresuró en volver a la casa inicial para recoger a Bobi, volverían a instalarse en la mansión, comerían, bebería y harían planes para el futuro: se marcharían.

Un silencio extraño inundaba el ambiente cuando aparcó el coche frente a la casa en la que se había quedado Bobi. La puerta estaba abierta y una sensación de miedo le agarrotó el corazón: Bobi no dormía frente a chimenea. La manta en el suelo, y el fuego apagado con apenas algunas brasas humeando daban al salón un aspecto de abandono, similar al del mundo de afuera.

—Bobi, ¿Bobi?, ¿dónde te has metido? ¡Bobi! ¡Ven aquí!, por favor… Bobi… nos marcharemos lejos, muy lejos… Vámonos ahora hasta nuestra mansión, entraremos en calor, comeremos, beberemos, ¡te curarás! y después volaremos en busca de otra vida ¿solos?, o no.

Schnee ins Gesicht, in diesem Moment wusste er, er musste dort weg.

Er lief Stunden durch das Viertel, betrat viele Garagen und fand endlich ein Geländefahrzeug mit Schneepflug in einem großen Haus am Ende des Viertels. Er überlegte nicht zweimal, suchte nach dem Schlüssel und startete es; er machte sich mit dem Gebrauch des Schneepflugs vertraut und befreite die Straßen von Schnee, bis er es geschafft hatte, zu seiner alten Villa zu gelangen. Er empfand eine unbeschreibliche Freude, als er feststellte, dass die Elektrizität sehr wohl funktionierte, und als er die Teller im Keller voller schwimmender toter Ameisen vorfand. Er beeilte sich, zu dem ursprünglichen Haus zurückzukehren, um Bobi abzuholen, sie würden sich wieder in der Villa einrichten, essen, trinken und Pläne für die Zukunft schmieden: sie würden weggehen.

Eine seltsame Stille breitete sich in der Umgebung aus, als er das Auto vor dem Haus abstellte, in dem Bobi zurückgeblieben war. Die Tür stand offen, und ein Gefühl von Angst ergriff sein Herz: Bobi schlief nicht vor dem Kamin. Die Decke auf dem Boden und das bis auf wenige rauchende Kohlen erloschene Feuer verliehen dem Wohnzimmer einen ähnlich verlassenen Anblick wie der der Welt draußen.

"Bobi, Bobi? Wo steckst du? Bobi! Komm her, bitte ... Bobi ... wir werden weit weg gehen, sehr weit weg ... Lass uns jetzt in die Villa fahren, wir werden uns aufwärmen, essen, trinken, du wirst gesund werden! Und danach werden wir losfliegen und ein anderes Leben suchen, allein, oder nicht."

8 – Ejercicio de transformación

Transforma el siguiente párrafo al singular: Observa los cambios en los adjetivos y participios.

Los fuertes vientos habían colocado a su antojo objetos por todas partes: ramas de árboles caídas, contenedores de basura estropeados, neumáticos sueltos, señales de tráfico rotas, maderas partidas, cajas, bolsas, letreros y residuos de toda clase.

CAPÍTULO 9

Martín buscó a Bobi por toda la casa y por todo el vecindario, salió a la calle, se perdió por los parques y estuvo horas y horas dando vueltas por el barrio. Anocheció y no había rastro del perro. Nevaba con intensidad y el chico sintió hambre y frío, resignado y triste volvió a la casa y comió restos de puré con leche en polvo de días anteriores. El sabor a leche agria le inundó la boca, no le inquietó, le costaba tragar a pesar del hambre. No perdió más tiempo, se puso a empaquetar: el ordenador cargado al máximo, varios manuales de aviación y las botellas que había llenado con agua de nieve fundida. Lo puso todo en el maletero del todoterreno, su nuevo vehículo.

Decidió regresar inmediatamente a la mansión, necesitaba reponer fuerzas. Volver sin Bobi era cruel y el corazón se le encogía, pero su cuerpo reclamaba entrar en calor y comer algo en buen estado. Una vez lo tuvo todo dentro del coche, arrancó, y la imagen del uniforme de piloto apareció en su mente. No lo dudó, bajó del coche a toda prisa, se acercó hasta el armario, arrancó el uniforme del colgador de un tirón y se lo puso bajo el brazo. Apagó el fuego de la chimenea y —ahora sí— se marchó definitivamente y sin mirar atrás. Cerró de un portazo, sabía que no volvería. Una desagradable sensación causada por el va-

9. Kapitel

Martin suchte das ganze Haus und die ganze Nachbarschaft nach Bobi ab. Er lief auf die Straße hinaus, verlor sich in den Parks und drehte stundenlang Runden im Viertel. Es wurde dunkel, und keine Spur von dem Hund. Es schneite stark, und der Junge empfand Hunger und Kälte. Resigniert und traurig kehrte er zum Haus zurück und aß Reste von Püree mit Milchpulver von Vortagen. Der Geschmack nach saurer Milch erfüllte seinen Mund, er beunruhigte ihn nicht, er tat sich schwer, es hinunterzuschlucken, trotz des Hungers. Er verlor keine Zeit mehr und begann, alles einzupacken: den voll aufgeladenen Computer, verschiedene Flughandbücher und die Flaschen, die er mit geschmolzenem Schneewasser gefüllt hatte. Er packte alles in den Kofferraum des Geländewagens, seines neuen Fahrzeugs.

Er beschloss, sofort zur Villa zurückzukehren, er musste Kraft tanken. Ohne Bobi zurückzukehren war grausam, und sein Herz zog sich zusammen, aber sein Körper verlangte nach Wärme und etwas zu Essen in gutem Zustand. Als er alles im Auto hatte, startete er, und das Bild der Pilotenuniform erschien in seinem Verstand. Er zweifelte nicht daran, stieg eilig aus dem Auto, ging zu dem Schrank, riss die Uniform in einem Sitz vom Bügel und steckte sie sich unter den Arm. Er löschte das Feuer im Kamin, und - nun schon -, ging er endgültig fort, und ohne sich umzusehen. Er knallte die Tür zu; er wusste, er würde nicht zurückkehren. Ein unangenehmes Gefühl, gleichzeitig verursacht durch die Leere, ohne

105

cío de irse sin Bobi, la leche agria y el hambre al mismo tiempo, le invadió el estómago y le heló las manos, los pies y el corazón.

A pesar de la pala quitanieves, el todoterreno se movía con dificultad por las calles. Conducir no era fácil, recordó que él, al fin y al cabo, nunca había visitado una autoescuela... Las marchas no entraban bien, coordinar la pala con el vehículo requería habilidad y tenía que hacer *zigzag* continuamente para no chocar con todo tipo de objetos, en unas calles solitarias de una ciudad en ruinas. Llegó a la mansión como pudo, el vehículo estaba lleno de golpes y la pala quitanieves medio rota colgaba hacia la derecha. La puerta principal de la mansión estaba abierta, bajó del coche rápidamente y un ruido le paralizó justo cuando entraba y le hizo retroceder. Un objeto del interior de la casa, probablemente de cristal, acababa de caer al suelo y debía haberse partido en mil pedazos, porque algunos trocitos llegaron incluso a la entrada y brillaron sobre la nieve, ¿cosa del viento? Uhmm... ciertamente soplaba fuerte, pero la puerta llevaba tiempo abierta, ¿por qué se habría caído ese objeto justo cuando Martín quería entrar?

El chico dio unos pasos atrás con los ojos cerrados intentando protegerse, como si la posibilidad de ver algo o a alguien saliendo de la mansión fuera la mayor amenaza desde que vivía solo en el mundo. Al caminar marcha atrás tropezó y cayó de espaldas en el interior de la pala llena de nie-

Bobi zu gehen, die saure Milch und den Hunger, machte sich in seinem Magen breit, und ließ ihm Hände, Füße und das Herz gefrieren.

Trotz des Schneepflugs bewegte sich der Geländewagen nur schwer durch die Straßen. Das Fahren war nicht einfach, er erinnerte sich daran, dass er schließlich nie eine Fahrschule besucht hatte ... Die Gänge ließen sich schlecht schalten, den Schneepflug mit dem Fahrzeug zu koordinieren, bedurfte des Feingefühls, und er musste ständig im Zickzack fahren, um nicht an alle Arten von Gegenständen zu stoßen, in den einsamen Straßen einer Ruinenstadt. So gut er konnte, gelangte er zur Villa. Das Fahrzeug war voller Beulen, und der Schneepflug hing halb kaputt nach rechts weg. Der Haupteingang der Villa stand offen, schnell stieg er aus dem Auto, und just, als er eintrat, lähmte ihn ein Geräusch und ließ ihn zurückweichen. Ein Gegenstand im Inneren des Hauses, vermutlich aus Glas, war soeben zu Boden gefallen und musste in tausend Stücke gebrochen sein, denn ein paar Scherben sprangen sogar bis zum Eingang und glänzten auf dem Schnee. Der Wind? Mmmh ... Gewiss wehte er stark, aber die Tür war schon davor offen gestanden. Weshalb war dieser Gegenstand genau dann herunter gefallen, als Martin eintreten wollte?

Der Junge trat ein paar Schritte zurück, mit geschlossenen Augen, als Versuch, sich zu schützen; als wäre die Möglichkeit, etwas oder jemanden aus der Villa herauskommen zu sehen, die größte Bedrohung, seit er allein auf der Welt lebte. Beim Rückwärtslaufen stolperte er und fiel rücklings in die mit Schnee gefüllte Schaufel des Schneepflugs. Er war

ve. Quedó medio cubierto y se alegró de haber encontrado un escondite sin buscarlo, de nuevo los acontecimientos sucedían, como el del *password*, sin que pudiera decidirlos o cambiarlos.

Intentó olvidar el frío y se escondió aún más, tapándose completamente con la nieve. Con el dedo índice atravesó la capa de nieve que le cubría e hizo dos agujeros que llegaban al exterior. Por ellos entraba el aire y la luz, y ello le permitían respirar y mirar hacia la superficie. La puerta de la mansión se abrió completamente; entonces, el chico supo con certeza que el viento no había tenido nada que ver con el ruido anterior. Dejó de mirar, cerró de nuevo los ojos y tapó uno de los agujeros. Se encogió y acurrucó aún más bajo la nieve. Quería aislarse completamente, huir de esa situación, a la que era incapaz de reaccionar racionalmente. La mente colapsada y el cuerpo congelado no le daban la posibilidad de pensar.

—Guau, guau, guau —ladró Bobi al aire al salir de la mansión y ver el todoterreno aparcado delante de la casa.

El miedo que agujereaba el estómago de Martín se transformó en un solo segundo y se convirtió en la felicidad absoluta y en pura energía contra el frío y contra las adversidades. Fue un segundo de mágico poder de transformación, el segundo en el

halb von Schnee bedeckt und freute sich, ein Versteck gefunden zu haben, ohne danach zu suchen, erneut geschahen die Ereignisse, wie das des Passworts, ohne dass er sie hätte entscheiden oder ändern können.

Er versuchte, die Kälte zu vergessen und verbarg sich noch mehr, indem er sich komplett mit dem Schnee zudeckte. Mit dem Zeigefinger durchdrang er die Schneedecke, die ihn bedeckte und machte zwei Löcher nach außen. Durch sie traten Luft und Licht ein, und dies erlaubte ihm, zu atmen und nach draußen zu schauen. Die Tür der Villa öffnete sich vollständig; da wusste der Junge mit Gewissheit, dass der Wind überhaupt nichts mit dem vorherigen Geräusch zu tun gehabt hatte. Er hörte auf zu schauen, schloss die Augen erneut und verschloss eines der Löcher. Er kauerte sich zusammen und duckte sich noch mehr unter den Schnee. Er wollte völlig abgeschieden sein, fliehen vor dieser Situation, auf die er unfähig war, vernünftig zu reagieren. Sein zusammengebrochener Verstand und sein gefrorener Körper gaben ihm nicht die Möglichkeit, zu denken.

"Wau, wau, wau!", bellte Bobi in die Luft, als er aus der Villa herauskam und den Geländewagen vor dem Haus abgestellt sah.

Die Angst, die Martins Magen durchbohrt hatte, verwandelte sich in einer einzigen Sekunde und wurde zu absolutem Glück und reiner Energie gegen die Kälte und gegen die Widrigkeiten. Es war eine Sekunde magischer Macht der Verwandlung, die Se-

que los ladridos de Bobi rompieron el silbido del viento.

—¡Bobi! ¿Cómo has llegado aquí?, ¡pedazo de campeón! —exclamó Martín mientras salía de su escondite, tan blanco como un muñeco de nieve. Bobi ladraba y le lamía sin parar para que el chico entrara en calor.

—Nos vamos Bobi, nos vamos, lo tengo todo bajo control; bueno... bajo control... no sé, quizá exagere un poco, pero nos vamos. Volaremos juntos, hacia el calor, hacia la vida.

La mansión fue el refugio y el lugar de trabajo de Martín durante una semana más, en la que apenas paró de nevar. Una mañana se despertó y vio que los cristales de la ventana goteaban, la temperatura había subido notablemente. ¡Estaban sobre cero! La nieve se fundía y mojaba las calles. Durante los últimos siete días Martín había repasado una y otra vez los pasos a seguir para pilotar un avión: fijar el lugar de destino en el navegador, chequeo del avión antes de despegar, dar marcha atrás hasta la pista de despegue, acelerar más y más, y —lo más difícil— atreverse a elevar la palanca de vuelo. Ahora era el momento de ponerse en marcha.

¿Lo conseguiría? ¿Sería capaz en el aeropuerto de meterse en un aeroplano y seguir esos pasos? Lo había soñado tantas veces, de día despierto y de noche dormido. La decisión estaba tomada y el

kunde, als das Bellen von Bobi das Pfeifen des Windes zerriss.

"Bobi! Wie bist du hier hergekommen? Du bist ein echter Champion!", rief Martin aus, während er aus seinem Versteck hervorkroch, so weiß wie ein Schneemann. Bobi bellte und leckte ihn ohne Unterlass ab, um den Jungen aufzuwärmen.

"Wir gehen weg, Bobi, wir gehen weg. Ich habe alles unter Kontrolle. Naja ... unter Kontrolle ..., ich weiß nicht. Vielleicht übertreibe ich etwas, aber wir gehen weg. Wir werden zusammen fliegen, in die Wärme, in das Leben."

Für eine weitere Woche, während der es kaum aufhörte zu schneien, war die Villa Martins Rückzugsort und Arbeitsplatz. Eines Morgens wachte er auf, und sah, dass die Scheiben des Fensters tropften, die Temperatur war merklich angestiegen. Es waren über Null Grad! Der Schnee schmolz und nässte die Straßen. Während der letzten sieben Tage war Martin ein ums andere Mal die Schritte durchgegangen, die befolgt werden mussten, um ein Flugzeug zu führen: Das Flugziel im Navigationssystem eingeben, der Flugzeugcheck vor dem Start, im Rückwärtsgang bis zur Startbahn, immer mehr beschleunigen, und − das Schwierigste −, sich trauen, den Flughebel nach oben zu drücken ... Nun war der Moment gekommen, sich in Bewegung zu setzen.

Ob er es schaffen würde? Wäre er imstande, am Flughafen in ein Flugzeug zu steigen und diesen Schritten zu folgen? Er hatte es so oft geträumt, am Tag wach, und in der Nacht im Schlaf. Die Entschei-

equipaje hecho. La subida de temperaturas obligaba a la acción inmediata.

De camino al aeropuerto de Múnich paró delante del hospital que en su día había abandonado sin mirar atrás. Se acercó a la puerta, entró y miró las escaleras hacia el sótano. No las bajó, pero los recuerdos le invadieron: el quirófano, los restos orgánicos deshidratados bajo los potentes focos y el reactor de electricidad que le había abierto las puertas a tantas ideas y descubrimientos...

Hasta ese momento no había sido consciente de su propia historia solo. Él ya tenía su recorrido particular, su huella única, sus propios inventos, su camino en solitario, desarrollado en un mundo con los avances y dependencias que la humanidad había generado durante siglos y siglos de historia. Él, junto a su perro, había sido fiel a su lema: sobrevivir sin dejar de disfrutar.

Por ese lema estaba dispuesto ahora a correr el riesgo de poner punto y final a su historia particular y con ello a la de la humanidad: abandonar Alemania y empezar de cero en algún lugar cálido, o a estrellarse para siempre. ¿Futuro o final?

Alejó los recuerdos rápidamente, le costaban un tiempo precioso y lo llenaban de inseguridad. Nunca había sido buen filósofo, se reía del pensar por pensar que aprendía en la escuela, y ahora

dung war gefallen und das Gepäck fertig. Der Temperaturanstieg zwang zum sofortigen Handeln.

Auf dem Weg zum Münchner Flughafen hielt er vor dem Krankenhaus an, das er damals hinter sich gelassen hatte, ohne sich umzusehen. Er ging zur Tür, trat ein und schaute zur Kellertreppe. Er stieg nicht hinab, aber die Erinnerungen überrollten ihn: Der OP-Saal, die eingetrockneten organischen Reste unter den starken Strahlern und der elektrische Antrieb, der ihm die Türen zu so vielen Ideen und Entdeckungen geöffnet hatte ...

Bis zu diesem Moment war er sich seiner eigenen alleinigen Geschichte nicht bewusst gewesen. Er hatte bereits seine persönliche Strecke, einzigartige Spur und eigenen Erfindungen, seinen einsamen Weg, entwickelt in einer Welt mit den Fortschritten und Abhängigkeiten, die die Menschheit in jahrhundertelanger Geschichte erzeugt hatte. Er, an der Seite seines Hundes, war seinem Leitsatz treu geblieben: zu überleben, ohne aufzuhören, zu genießen.

Wegen dieses Mottos war er jetzt bereit, das Risiko einzugehen, seiner persönlichen Geschichte und somit der der Menschheit einen Schlusspunkt zu setzen: Deutschland zu verlassen und an irgendeinem warmen Ort von Null anzufangen, oder für immer zu zerschellen. Zukunft oder Ende?

Er schob die Erinnerungen schnell beiseite, sie kosteten ihn kostbare Zeit und erfüllten ihn mit Unsicherheit. Er war nie ein guter Philosoph gewesen, er hatte gelacht über das Denken um des Denken willens, das er in der Schule gelernt hatte, und jetzt, wo

que era el momento de actuar no debía despistarse con aquello que nunca le interesó.

Buscó entre los documentos del hospital con prisas, sin método ni orden alguno. El chico meticuloso que estudiaba cada detalle y cada coma de los manuales de aviación se transformó en ese momento, llevado por la angustia, en un ser nervioso e impaciente. Tomó medicamentos de la planta baja y después subió hasta la planta de los enfermos terminales. Allí encontró un armario cerrado con llave, forzó la puerta y se apoderó de todos y cada uno de los medicamentos que había dentro. No leyó la letra pequeña de las instrucciones, ni la grande tampoco; ni siquiera las miró. Si llegaba el día en el que no podía seguir el lema "disfrutar mientras viva" y la vida dejaba de tener sentido, los tomaría todos a la vez; con ello seguro alcanzaría una muerte rápida, ojalá sin dolor.

es zu handeln galt, durfte er sich nicht von etwas ablenken lassen, das ihn nie interessiert hatte.

Hektisch durchsuchte er die Dokumente des Krankenhauses, ohne Methode oder irgendeine Ordnung. Der pedantische Junge, der jede Einzelheit und jedes Komma der Flughandbücher studiert hatte, verwandelte sich in diesem Moment durch die Bedrückung in ein nervöses und ungeduldiges Wesen. Er nahm Medikamente aus dem Erdgeschoss und stieg dann in das Stockwerk der Todkranken hinauf. Dort fand er einen abgeschlossenen Schrank. Er öffnete die Tür mit Gewalt und bemächtigte sich jedes einzelnen Medikaments, das sich darin befand. Er las weder das Kleingedruckte der Nutzungshinweise noch das Großgedruckte; er sah es nicht einmal an. An dem Tag, an dem er seinem Motto "zu genießen, solange er lebte" nicht mehr würde folgen können, und das Leben aufhörte, Sinn zu haben, würde er alle auf einmal nehmen; mit Sicherheit würde er so einen schnellen Tod erlangen, hoffentlich ohne Schmerzen.

9 – Ejercicio de reflexión

En los siguientes ejemplos se reconocen dos distintos tipos de relaciones: oposición o adhesión, Clasifícalos y subraya las conjunciones en dos colores distintos. Algunos ejemplos pueden presentar los dos tipos de relaciones.

Nevaba con intensidad y el chico sintió hambre y frío, resignado y triste volvió a la casa y comió restos de puré...

Volver sin Bobi era cruel y el corazón se le encogía, pero su cuerpo reclamaba entrar en calor y comer algo en buen estado.

—Nos vamos Bobi, nos vamos, lo tengo todo bajo control; bueno... bajo control... no sé, quizá exagere un poco, pero nos vamos. Volaremos juntos, hacia el calor, hacia la vida.

Se acercó a la puerta, entró y miró las escaleras hacia al sótano. No las bajó, pero los recuerdos le invadieron: el quirófano, los restos orgánicos...

No leyó la letra pequeña de las instrucciones, ni la grande tampoco, ni siquiera las miró.

CAPÍTULO 10

Llevaba el uniforme puesto y observaba una y otra vez la ruta en el navegador. Las coordenadas aparecían ya fijadas y la pantalla mostraba un destino concreto: San Francisco. Primero Irlanda, después Groenlandia y finalmente atravesaría Canadá hasta alcanzar la ciudad californiana.

Martín sintió miedo, él había planeado huir pero no hacia ese destino, no estaba listo para afrontar ese recorrido. Durante los largos días de nieve, se había preparado minuciosamente varias rutas rumbo al norte de África, su plan era instalarse en la costa mediterránea.

Otra opción alternativa, que también había estudiado por si la del el norte de Marruecos fallaba, era aventurarse a volar hacia el Atlántico y aterrizar en las Canarias. Había estado de vacaciones allí cuando era pequeño, sabía que era un lugar agradable con un clima templado todo el año. A él le gustaba el mar y pensó que aprendería a navegar y recorrería las costas, le atraía la libertad de movimiento que el mar podía ofrecerle.

Por otra parte, quería averiguar si en el mar había algún tipo de vida animal, la vida en sus orígenes provenía del agua, lo había visto en un documental y lo había estudiado en su día en el colegio. Ese tema siempre le había interesado. ¿Cómo ha-

10. Kapitel

Er trug die Uniform, und ging immer wieder die Route auf dem Navigationsgerät durch: die Koordinaten waren bereits fest eingestellt und der Bildschirm zeigte ein konkretes Ziel an: San Francisco. Erst Irland, danach Grönland, und schließlich würde er Kanada überqueren, bis er die kalifornische Stadt erreichen würde.

Martin empfand Angst, er hatte geplant, zu fliehen, aber nicht zu diesem Ziel, er war nicht darauf vorbereitet, sich dieser Strecke zu stellen. Während der langen Schneetage hatte er verschiedene Routen in Richtung Nordafrika detailliert vorbereitet, sein Plan war es, sich an der mediterranen Küste einzurichten.

Eine weitere mögliche Option, die er ebenfalls studiert hatte, falls Marokkos Norden fehlschlug, war, es zu wagen, in Richtung Atlantik zu fliegen und auf den Kanaren zu landen. Als kleiner Junge war er dort in den Ferien gewesen, er wusste, dass es ein angenehmer Ort mit gemäßigtem Klima war, das ganze Jahr über. Er mochte das Meer, und er dachte daran, das Segeln zu erlernen und die Küsten abzufahren. Die Bewegungsfreiheit, die das Meer ihm bieten konnte, zog ihn an.

Auf der anderen Seite wollte er herausfinden, ob es im Meer irgendeine tierische Lebensform gab, denn das Leben stammte ursprünglich aus dem Wasser - das hatte er in einem Dokumentarfilm gesehen und eines Tages in der Schule gelernt. Dieses Thema hatte ihn immer interessiert. Wie war das Leben auf

bía surgido la vida en la tierra hacía 4000 millones de años? Sentía la necesidad de volver al escenario donde todo había empezado en busca de respuestas.

¿Cruzar el Charco?... Eso eran palabras mayores y no estaba en sus planes. Además: ¡San Francisco estaba tan lejos! Después del Atlántico tendría que atravesar también el territorio de Canadá y parte de USA. ¿Cuánto combustible podía transportar el Airbus A340 en el que se encontraba? ¿Llegaría sin problemas a ese destino tan lejano?

Martín se sentía muy inseguro. Intentó racionalizar sus pensamientos, aquellas dudas eran fruto de la intuición y el miedo, no de los hechos objetivos, ni de la razón. El depósito de combustible aparecía lleno en pantalla, la ruta estaba marcada y era evidente que el día maldito ese avión estaba a punto de despegar y volar hacia su destino, seguramente lleno de pasajeros. ¿Por qué no iba a conseguirlo ahora con mucho menos peso?

Debía luchar contra su miedo y seguir adelante con sus planes. No podía elegir, su Airbus era el único en todo el aeropuerto que estaba perfectamente colocado para despegar. El resto de pistas de despegue estaban bloqueadas con vehículos *follow me* o con otros aeroplanos que no estaban en posición de despegue. Martín sintió impotencia: ¿Por qué no se habría preparado otras rutas? Pensó en la opción de desplazarse de nuevo en coche por las autopistas hasta otro aeropuerto,

der Erde vor vier Milliarden Jahren entstanden? Auf der Suche nach Antworten fühlte er die Notwendigkeit, zu dem Szenario zurückzukehren, in dem alles angefangen hatte.

Den großen Teich zu überqueren ... das war eine ganz andere Nummer, und nicht von ihm geplant. Außerdem war San Francisco so weit weg! Nach dem Atlantik müsste er auch das Territorium von Kanada und einen Teil der USA überfliegen. Wie viel Kraftstoff konnte der Airbus A340 transportieren, in dem er sich befand? Würde er ohne Probleme zu diesem so fernen Ziel gelangen?

Martin fühlte sich sehr unsicher. Er versuchte, rational zu denken; jene Zweifel waren Frucht von Vorahnung und Angst, nicht von objektiven Tatsachen oder Vernunft. Der Bildschirm zeigte einen vollen Kraftstofftank an, die Route war vorgezeichnet, und es war klar, dieses Flugzeug war an jenem verfluchten Tag kurz davor gewesen, abzuheben und sein Flugziel anzusteuern, vermutlich voller Passagiere. Weshalb also sollte er es jetzt nicht auch schaffen, mit viel weniger Gewicht?

Er musste gegen seine Angst ankämpfen und seine Pläne weiter verfolgen. Er konnte nicht wählen, sein Airbus war der einzige, der perfekt für einen Abflug positioniert war. Der Rest der Abflugpisten war blockiert von Fahrzeugen „Follow me" oder anderen Flugzeugen, die nicht zum Abflug bereit standen. Martin empfand Ohnmacht. Weshalb hatte er keine anderen Routen vorbereitet? Er dachte an die Möglichkeit, seinen Standort wieder mit dem Auto zu wechseln und auf Autobahnen zu einem anderen

pero llegar al de Múnich no había sido fácil y las posibilidades de encontrar un aeroplano en posición de despegue con ruta al norte de África eran prácticamente nulas. Debía marcharse rápido y por el aire. El único modo de hacerlo era pilotando el Airbus A340 con destino a San Francisco en el que estaba sentado.

La ansiedad le devoró y abandonó la cabina del piloto, bajó de nuevo del avión gracias a la escalera que él mismo había colocado frente a la puerta y por la cual había subido. Respiró profundamente y sintió estar ante el momento más importante de su vida. Realizó el chequeo una vez más: motores sin obstrucción, frenos, neumáticos... todo estaba en orden, era la décima vez que lo comprobaba. Levantó la vista hacia el cielo, un rayo de sol le cegó por un instante los ojos. Era el momento, la nieve se había fundido completamente, la temperatura era moderada y el cielo estaba despejado.

—Ahora o nunca.

Martín actuaba con una incómoda prisa a causa del temor que la posibilidad de cambiar de idea y el miedo a echarse atrás producen.

Temblando apartó la escalera unos metros de la puerta del avión para que esta no impidiera las maniobras de despegue. Empezó a subir los peldaños dando pequeños saltos, siempre sujetándose a una cuerda que había atado al asiento más

Flughafen zu fahren, aber den Münchener anzufahren war nicht einfach gewesen und die Möglichkeiten, ein Flugzeug mit der Route Nordafrika in Abflugposition zu finden, waren praktisch gleich Null. Er musste schnell verschwinden, und durch die Luft. Die einzige Form, das zu tun, war, den Airbus A340 nach San Francisco zu führen, in dem er gerade saß.

Die Unruhe verzehrte ihn, und er verließ die Pilotenkabine, stieg von Neuem dank der Treppe vom Flugzeug herab, die er selbst vor die Tür gefahren hatte und über die er eingestiegen war. Er atmete tief durch und fühlte sich vor dem wichtigsten Moment seines Lebens. Er ging noch einmal den Check durch: Motoren frei, Bremsen, Reifen ... Alles war in Ordnung – es war das zehnte Mal, dass er es kontrolliert hatte! Er erhob den Blick zum Himmel, ein Sonnenstrahl blendete seine Augen für einen Augenblick. Das war der Moment, der Schnee war komplett geschmolzen, die Temperatur mäßig und der Himmel klar.

„Jetzt oder nie".

Martin handelte mit einer unbehaglichen Eile, hervorgerufen durch die Furcht vor der Möglichkeit, seine Meinung zu ändern und aus Angst zurückzuweichen.

Zitternd entfernte er die Treppe ein paar Meter von der Flugzeugtür, damit sie die Startmanöver nicht behindern würde. Er begann, die Stufen in kleinen Sprüngen hochzusteigen. Dabei hielt er sich immer an einem Seil fest, das er am nächstgelegenen Sitz

próximo a la salida antes de bajar. Tras los primeros peldaños empezaron las dificultades a causa de la distancia que había entre el avión y la escalera; finalmente ya no tocaba los peldaños y quedó colgando por la cuerda moviéndose como el péndulo de un reloj.

—Vía libre para despegar —gritó nervioso el muchacho al ver que la escalera ya no era un obstáculo. Entonces reunió todas sus fuerzas, trepó por la cuerda que le sostenía y llegó hasta la salida de emergencia. Entró en el avión, cerró la puerta y dejó la cuerda allí dónde estaba, y bien atada al asiento. Se metió en la cabina. Su corazón latía tan fuerte que pensó que iba a salirse del pecho.

Arrancó el avión, activó la configuración de despegue y puso los motores a plena potencia. Gas y más gas, llegó a los 240 km/h, era el momento, no podía detenerse, ni pensar, ni meditar, ni tan solo parpadear y... ¡lo hizo! Tiró de la palanca de mando en el momento exacto y la rueda delantera del aeroplano —situada debajo del morro del avión— dejó de tocar el suelo: ¡¡¡volaban!!!

Bobi ladró, Martín sonrió y gritó de alegría al ver cómo el aeroplano entero se elevaba y se alejaban del suelo. Estaba ocurriendo como en sus juegos de simulación aérea, pero esta vez no había simulación alguna. Una descarga de adrenalina le agitó interiormente y se escuchó una fuerte carcajada cargada de nervios. Alegría y sa-

zum Ausgang befestigt hatte, bevor er ausgestiegen war. Nach den ersten Stufen begannen die Schwierigkeiten, aufgrund der Entfernung, die es zwischen dem Flugzeug und der Treppe gab. Endlich berührte er die Stufen nicht mehr und hing nun an dem Seil und schaukelte wie ein Uhrpendel hin und her.

„Weg frei für den Abflug!" rief der Junge nervös, als er sah, dass die Treppe kein Hindernis mehr war. Dann nahm er all seine Kraft zusammen, zog sich an dem Seil hoch, das ihn hielt, und kam am Notausgang an. Er betrat das Flugzeug, schloss die Tür und ließ das Seil, wo es war, gut am Sitz festgebunden. Er ging in die Kabine. Sein Herz klopfte so laut, dass er dachte, es würde ihm aus der Brust springen.

Er startete das Flugzeug, schaltete die Abflugkonfiguration ein und ließ die Motoren mit Vollgas laufen. Gas und mehr Gas, er erreichte 240 km/h, das war der Moment, er konnte sich weder zurückhalten, noch denken, noch überlegen, noch nicht einmal blinzeln, und ... er tat es! Er zog am Steuerknüppel im richtigen Moment und das Vorderrad des Flugzeugs, das unter dem Flugzeugbug angebracht war, hörte auf, den Boden zu berühren: sie flogen.

Bobi bellte, Martin lächelte und schrie vor Freude auf, als er sah, wie sich das ganze Flugzeug erhob und sie sich vom Boden entfernten. Es geschah wie in einem seiner Flugsimulationsspiele, aber dieses Mal war es keinerlei Simulation. Eine Ladung Adrenalin erregte ihn innerlich, und es erschallte ein Lachen voller Angespanntheit. Freude und Zufrie-

tisfacción en la cabina: lo había hecho, había encontrado el valor de tirar de la palanca, y volaban. El momento, el segundo en el que sintió que su aeroplano ya no tocaba el suelo había sido el mejor de su vida y daba sentido a toda su extraña existencia, acompañado primero y solo después.

Él, Martín Richter, a sus quince años recién cumplidos, era el piloto de un Airbus A340 y se dirigía a San Francisco en busca de una nueva vida. Feliz y orgulloso, subió el tren de aterrizaje y tomó rumbo a su nuevo destino.

denheit in der Kabine: er hatte es getan, er hatte den Mut gefunden, am Hebel zu ziehen, und sie flogen.

Der Moment, die Sekunde, in der er fühlte, dass sein Fluggefährt den Boden nicht mehr berührte, war die Beste seines Lebens gewesen, und gab seiner seltsamen Existenz einen Sinn, erst umgeben von Menschen und dann allein.

Er, Martin Richter, mit seinen vor kurzem vollendeten fünfzehn Jahren, war der Pilot eines Airbus A340 und flog nach San Francisco auf der Suche nach einem neuen Leben. Glücklich und stolz fuhr er das Fahrwerk hoch und begab sich in Richtung seines neuen Zieles.

10 – Ejercicio de transformación

Para hablar de un pasado remoto (anterior), a menudo es posible utilizar el pretérito indefinido y/o el pretérito pluscuamperfecto ¿Puedes transformar este párrafo y pasar los pretéritos indefinidos a pluscuamperfectos?

Arrancó el avión, activó la configuración de despegue y puso los motores a plena potencia. Gas y más gas, llegó a los 240 km/h, era el momento, no podía detenerse, ni pensar, ni meditar, ni tan solo parpadear y... ¡lo hizo! Tiró de la palanca de mando en el momento exacto y la rueda delantera del aeroplano —situada debajo del morro del avión— dejó de tocar el suelo: ¡¡¡volaban!!!

CAPÍTULO 11

La costa de Irlanda desparecía poco a poco de su vista y el azul del Atlántico sería protagonista durante las próximas horas. El piloto automático estaba conectado y Martín se sentía un ser especial y privilegiado. A pesar de todo, la incertidumbre de cruzar el Atlántico no había desaparecido y le atormentaba. En su interior se mezclaban muchas sensaciones y muy intensas, todas al mismo tiempo. El desgaste emocional anterior le pasaba factura y le provocó un cóctel de emociones que hizo que se quedara en un estado indescriptible. Tras varias horas de vuelo, tenía la boca seca y sentía escalofríos.

De pronto le amenazó un sueño extraño: una borrachera interna le forzaba a cerrar los ojos, sentía como la cabeza le pesaba, sudaba y pensó que quizá tenía fiebre. Tomó un paquete de medicamentos de los que se había preparado —esta vez no minuciosamente—, le parecieron analgésicos, quizá no lo eran, pero se sentía mal y tomó una pastilla. El malestar no pasó y tomó otra, y algo más tarde otra más.

—No hay dos sin tres —se dijo mientras su sueño aumentaba hasta que finalmente le venció.

Un fuerte pitido y los ladridos de Bobi invadieron la cabina. Martín abrió los ojos y vio que ya volaba en reserva y que el depósito de combustible esta-

11. Kapitel

Irlands Küste verschwand allmählich aus seinem Blick, und das Blau des Atlantiks würde während der nächsten Stunden im Vordergrund stehen. Der Autopilot war eingeschaltet, und Martin fühlte sich als besonderes und privilegiertes Wesen. Trotz alledem war die Ungewissheit, den Atlantik zu überqueren, nicht verschwunden und peinigte ihn. In seinem Inneren vermengten sich viele und sehr intensive Gefühle, alle gleichzeitig. Die vorangegangene emotionale Verausgabung präsentierte ihm die Rechnung und rief einen Gefühlscocktail in ihm hervor, der ihn in einen unbeschreiblichen Zustand versetzte. Nach mehreren Flugstunden war sein Mund trocken und es fröstelte ihn.

Plötzlich überfiel ihn eine seltsame Müdigkeit: eine innere Trunkenheit zwang ihn, die Augen zu schließen, er fühlte, wie schwer sein Kopf war, er schwitzte und dachte, er habe vielleicht Fieber. Er nahm eine Packung der Medikamente, die er sich vorbereitet hatte – dieses Mal nicht gründlich –, es schienen ihm Schmerzmittel zu sein, vielleicht waren es keine, aber er fühlte sich schlecht, und nahm eine Tablette. Das Unwohlsein ging nicht vorüber, und er nahm noch eine, und etwas später noch eine weitere.

„Auf Zwei folgt Drei", sagte er sich, während seine Müdigkeit zunahm, bis sie ihn endlich besiegte.

Ein starker Pfiff und das Bellen von Bobi durchdrangen die Kabine. Martin öffnete die Augen und sah, dass er bereits auf Reserve flog und dass der Treib-

ba casi vacío. Bajo sus pies, mar y solo mar. Se despejó como pudo y a pesar de la gravedad de la situación no le resultó fácil conseguirlo, se preguntó si en vez de analgésicos habría tomado antialérgicos o somníferos por error. No había tiempo para averiguarlo.

En el navegador aparecía inminente la ciudad de Nueva York, y de pronto vio a lo lejos la costa americana con algunos rascacielos. Le pareció reconocer la estatua de la Libertad, quizá la imaginó. Comenzaron a bajar, el combustible se acababa y el descenso incrementaba la velocidad; él con la palanca luchaba por controlarlo. No lo conseguía. ¿Tendría previsto ese avión repostar combustible antes de seguir hasta San Francisco? ¡¡¡No podía ser!!! La ruta era a San Francisco, ¿qué hacían aquí? ¿Quién estaba moviendo los hilos desde arriba nuevamente? ¿Cómo averiguarlo?

El aeropuerto más próximo en pantalla era el de J.F. Kennedy, no estaba lejos y allí intentaría aterrizar ¿Le alcanzaría el combustible? ¿Sabría entrar en pista? ¿Sería todo como en la simulación? Un ruido lo sobresaltó, algo iba mal y de pronto se paró un motor, pocos segundos después lo hizo otro. Todas las pantallas parpadearon en rojo: ¡no quedaba combustible! Martín pensó en los manuales, pues había leído mucho sobre ese aeroplano, de inmediato recordó que el Airbus A340 poseía varios tanques de combustible y sintió un

stofftank fast leer war. Unter seinen Füßen Meer, und nur Meer. Er versuchte, wach zu werden, so gut er konnte, und trotz des Ernstes der Lage fiel es ihm nicht leicht, es zu schaffen. Er fragte sich, ob er statt Schmerzmitteln aus Versehen Antiallergika oder Schlafmittel genommen hatte. Es gab keine Zeit, um es herauszufinden.

Auf dem Navigationsgerät tauchte die nah bevorstehende Ankunft in der Stadt New York auf, und plötzlich sah er in der Ferne die amerikanische Küste mit einigen Wolkenkratzern. Er meinte, die Freiheitsstatue zu erkennen, vielleicht bildete er sie sich ein. Sie begannen mit dem Sinkflug, der Treibstoff ging zur Neige und der Abstieg nahm an Geschwindigkeit zu; er kämpfte mit dem Flughebel darum, ihn zu kontrollieren. Es gelang ihm nicht. Ob es für dieses Flugzeug geplant war, Treibstoff nach zu füllen, bevor es weiter nach San Francisco flog? Unmöglich!!! Die Route war nach San Francisco - was taten sie hier? Wer hatte hier wieder die Fäden von oben aus bewegt? Wie sollte er es herausfinden?

Der nächste Flughafen auf dem Bildschirm war der J.F.-Kennedy, er war nicht weit entfernt, und dort würde er versuchen, zu landen. Würde ihm der Treibstoff ausreichen? Würde er es schaffen, richtig aufzusetzen? Wäre alles wie in der Simulation? Ein Geräusch bestürzte ihn, etwas lief schief, und plötzlich blieb ein Motor stehen, wenige Sekunden danach der Nächste. Alle Anzeigen blinkten rot: kein Treibstoff mehr! Martin dachte an die Handbücher, denn er hatte viel über dieses Fluggefährt gelesen, augenblicklich erinnerte er sich daran, dass der Airbus A340 verschiedene Treibstofftanks besaß, und

gran alivio. Nervioso, pero sin pánico, consiguió encender la bomba que mantenía en funcionamiento los otros dos motores. Con ello ganaba tiempo, unos 10 minutos aproximadamente, no era mucho. Ese era el tiempo que tenía para encontrar una solución y ponerla en práctica. No sabía cómo dominar el descenso, dado que no se había preparado bien para un aterrizaje de emergencia y cada vez veía más difícil alcanzar el aeropuerto de la gran manzana. No había tiempo para pensar. El autopiloto se apagó automáticamente y el aparato empezó a perder velocidad, una señal indicaba ¡*Warning: stall, stall*! Eso sí lo entendió: pronto el avión dejaría de volar y el piloto perdería totalmente el control.

Martín sabía que empujando la palanca hacia delante podría evitar esa situación. Lo hizo, pero ya era tarde. El avión vibraba y la palanca no reaccionó. Con pocas esperanzas pero con mucha habilidad consiguió estabilizar algo el avión usando los dos motores restantes, y retomó por un momento el control. Sin embargo, seguían perdiendo altura y la velocidad del descenso iba en aumento. El tiempo se agotaba y aterrizar en una pista sin ayuda externa era ya imposible, solo quedaba una salida: abandonar el avión.

Se encontraban a unos 7000 pies de altura y estaba dispuesto a saltar por una de las puertas traseras. Era muy arriesgado, realmente era una locu-

er fühlte eine große Erleichterung. Aufgeregt, aber ohne Panik, schaffte er es, die Pumpe einzuschalten, welche die beiden anderen Motoren in Betrieb hielt. Damit gewann er Zeit, annähernd zehn Minuten, es war nicht viel. Das war die Zeit, die er hatte, um eine Lösung zu finden und umzusetzen. Er wusste nicht, wie er den Sinkflug beherrschen sollte, da er sich nicht gut auf eine Notlandung vorbereitet hatte, und es jedes Mal schwieriger ansah, den Flughafen des Big Apple zu erreichen. Es gab keine Zeit, um nachzudenken. Der Autopilot schaltete sich automatisch aus, und der Flugapparat begann, an Geschwindigkeit zu verlieren, eine Anzeige blinkte *„Warning: stall, stall!"* Das verstand er wohl, bald würde das Flugzeug aufhören zu fliegen und der Pilot würde die Kontrolle völlig verlieren.

Martin wusste, dass er diese Situation verhindern können würde, indem er den Knüppel nach vorne drückte. Er tat es, aber es war schon zu spät. Das Flugzeug vibrierte und der Knüppel reagierte nicht. Mit wenig Hoffnung, aber großem Feingefühl schaffte er es, das Flugzeug etwas zu stabilisieren, indem er den Schub der zwei verbleibenden Motoren benutzte und gewann für einen Moment die Kontrolle zurück. Trotzdem verloren sie weiter an Höhe, und die Geschwindigkeit des Sinkflugs nahm wieder zu. Die Zeit lief ab, und ohne fremde Hilfe auf einer Landebahn zu landen, war bereits nicht mehr möglich, es blieb nur noch ein Ausweg: das Flugzeug zu verlassen.

Sie befanden sich auf ungefähr 7000 Fuß, und er war bereit, aus einer der hinteren Türen zu springen. Es war sehr riskant, es war wirklich eine Verrückt-

ra, pero ¿acaso tenía otra alternativa? El descenso se hizo brutal y Bobi fue arrastrado irremediablemente contra el cristal de la cabina. El perro ladraba desconsolado y estaba fuera de sí. Debían abandonar el avión inmediatamente.

Martín supo que no podría controlar a Bobi y que este jamás saltaría al vacío, su instinto no se lo permitiría. Sacó de su bolsillo el paquete de medicamentos que él había tomado hacía unas horas. Tomó todas las pastillas que quedaban y las introdujo a la fuerza dentro de la boca del animal. Bobí las tragó sin remedio, a pesar de no querer hacerlo, y mordió la mano de Martín en señal de rebeldía, era la primera vez que hacía una cosa así.

El muchacho ignoró el dolor y rápidamente se puso el chaleco salvavidas y la mochila con el paracaídas que cuidadosamente había preparado para emergencias. Cogió a Bobi y consiguió atarle alrededor del cuerpo dos chalecos salvavidas hinchados, le puso también la mochila del paracaídas, de modo que esta quedara fija entre los chalecos. La altura indicaba 6000 pies de altura y la velocidad era de 300 nudos, casi 600 kph.

—¡Así imposible! —gritó con impotencia.

Los dos valores debían bajar a la mitad, si no lo conseguía, la puerta no se abriría y no podrían saltar. Llegaron a los tres mil pies y el chico redujo

heit, aber hatte er etwa eine andere Alternative? Der Abstieg wurde brutal und Bobi wurde unvermeidlicherweise an die Kabinenscheibe gepresst. Der Hund jaulte und war außer sich. Sie mussten das Flugzeug auf der Stelle verlassen.

Martin wusste, er würde Bobi nicht kontrollieren können, und dieser würde niemals ins Leere springen, sein Instinkt würde es ihm nicht erlauben. Er nahm das Päckchen mit den Medikamenten aus seiner Hosentasche, die er vor einigen Stunden eingenommen hatte Er nahm alle Tabletten, die übrig waren und steckte sie mit Gewalt in das Maul des Tieres. Bobi schluckte sie zwangsweise, obwohl er es nicht wollte, und biss Martin als Zeichen für seinen Widerwillen in die Hand, es war das erste Mal, dass er so etwas tat.

Der Junge ignorierte den Schmerz und zog sich schnell die Schwimmweste und den Rucksack mit dem Fallschirm an, die er sorgfältig für den Notfall vorbereitet hatte. Er nahm Bobi und schaffte es, ihm zwei aufgeblasene Schwimmwesten an den Körper zu binden, außerdem zog er ihm ebenfalls den Fallschirmrucksack an, so dass dieser zwischen den Westen festsaß. Der Höhenmesser zeigte 6000 Fuß an, und die Geschwindigkeit lag bei 300 Knoten, fast 600 Stundenkilometern.

„So ist es unmöglich!" schrie er ohnmächtig.

Beide Werte mussten erst auf die Hälfte sinken. Wenn er es nicht schaffte, würde die Tür sich nicht öffnen, und sie würden nicht springen können. Sie erreichten die dreitausend Fuß, und der Junge redu-

entonces la velocidad tanto como pudo, para ello sacó los *flaps*, puso el tren de aterrizaje y activó el autopiloto a una velocidad de poco más de 200 kilómetros por hora. A continuación se arrastró hacia la puerta trasera tirando de las patas del perro con todas sus fuerzas y desafiando a la gravedad, el avión volaba ya muy inclinado. Ambos reptaban por el suelo como serpientes. Ya frente a la puerta, Martín elevaba su cuerpo una y otra vez para llegar a la manilla y abrir la salida. Después de cuatro intentos seguidos de cuatro grandes golpes al caer, lo consiguió: la puerta se abrió. Una ráfaga de viento huracanado les abofeteó fuertemente. Bobi se golpeó contra un asiento y dejó de moverse por un momento, Martín se abrazó a él y ató su cuerpo al del perro con la cuerda que había dejado en el asiento tras retirar la escalera en Múnich.

Saltaron. Volaron. La mente en blanco, el aire helado, las nubes a sus pies.

Se les congelaba el cuerpo por momentos, ya que estaban a muchos grados bajo cero. Martín notó que los dedos de la mano derecha no obedecían. Se apresuró en tirar de las palancas de los paracaídas con la mano izquierda, pues sabía que si esta se le congelaba, más tarde no podría hacerlo. Aún no era el momento, pero los paracaídas se abrieron con éxito y el descenso se hizo más lento.

Entraron en la espesa niebla de las nubes, perdie-

zierte die Geschwindigkeit, so gut er konnte; dafür fuhr er die Klappen aus, ebenso das Fahrwerk, und stellte den Autopiloten auf eine Geschwindigkeit von etwas über 200 km/h ein. Anschließend schleppte er sich zur Hintertür und zerrte dabei den Hund mit all seiner Kraft und der Schwerkraft trotzend an seinen Pfoten hinter sich her, das Flugzeug flog bereits sehr schief. Beide krochen auf dem Boden wie Schlangen. Schon an der Tür angelangt, richtete Martin seinen Körper ein ums andere Mal auf, um an den Türgriff zu kommen und den Ausgang zu öffnen. Nach vier Versuchen hintereinander, bei denen er viermal hart beim Hinfallen aufgeschlagen war, schaffte er es: die Tür öffnete sich. Ein stürmischer Windstoß ohrfeigte sie heftig. Bobi schlug gegen einen Sitz und hörte einen Moment auf, sich zu bewegen. Martin umgriff ihn und band seinen Körper an den des Hundes, mit dem Seil, das er nach dem Zurückziehen der Treppe in München an dem Sitz gelassen hatte.

Sie sprangen. Sie flogen. Der Verstand leer, die Luft eisig, die Wolken zu ihren Füßen.

Für ein paar Momente gefror ihnen der Körper, denn es war viele Grade unter Null. Martin bemerkte, dass ihm die Finger seiner rechten Hand nicht gehorchten. Er beeilte sich, mit der linken Hand an den Schnüren der Fallschirme zu ziehen, denn er wusste, wenn diese ihm einfror, würde er es später nicht tun können. Noch war nicht der Moment, aber die Fallschirme öffneten sich erfolgreich, und der Abstieg wurde langsamer.

Sie traten in den dichten Nebel der Wolken ein, ver-

ron la orientación, descendieron y penetraron irremediablemente en aquel ambiente desolador. Pero la niebla se acabó y el sol les cegó. Martín bajó la vista y la descubrió.

Allí estaba ella, iluminada por la luz blanca como si de un foco se tratara: la Estatua de la Libertad, magnífica, inmensa, majestuosa y ¡a sus pies! Los paracaídas fueron descendiendo, esta vez a velocidad moderada, dirigiéndose hacia el mar y pasando junto a la estatua; Nueva York y su esplendor eran el escenario de fondo. Martín quedó prendado del momento sin poder reaccionar. Llegaron al mar. Se sumergieron en unas aguas frías, nuevas, distintas y enigmáticas. Los chalecos tiraron de sus cuerpos y les subieron con éxito hacia la superficie. Flotaron, nadaron, gritaron y reaccionaron; Bobi, aún medio dormido, lamió la cara del muchacho. Estaban vivos.

Con ilusión, lágrimas y esperanza Martín soltó las cuerdas que le ataban a Bobi, ambos nadaron juntos hasta tierra. Martín recordó el libro de historia del instituto, pensó en el día en el que lo había tirado con rabia al suelo por creer que la historia tocaba a su fin. ¡Qué equivocado estaba! Él solito acababa de escribir el capítulo siguiente, el más importante de todo el libro. La historia de la humanidad no había terminado y la suya particular no había hecho más que empezar.

loren die Orientierung, sanken weiter und drangen unabänderlich in jene trostlose Umgebung ein. Aber der Nebel endete und die Sonne blendete sie. Martin senkte den Blick und entdeckte sie.

Dort war sie, erleuchtet von dem weißen Licht, als handelte es sich um einen Scheinwerfer: die Freiheitsstatue, großartig, riesig, majestätisch und ... zu seinen Füßen! Die Fallschirme sanken herab, diesmal mit mäßiger Geschwindigkeit, und wandten sich dem Meer zu, flogen an der Statue vorbei; New York und seine Pracht bildeten den Hintergrund des Szenarios. Martin war hingerissen von dem Moment, ohne reagieren zu können. Sie fielen ins Meer. Sie versanken in kalten, neuen, anderen und geheimnisvollen Gewässern. Die Schwimmwesten zogen an ihren Körpern und trieben sie mit Erfolg nach oben zur Oberfläche. Sie ließen sich treiben, schwammen, schrien und reagierten. Bobi, noch halb schlafend, leckte das Gesicht des Jungen. Sie waren am Leben.

Mit Vorfreude, Tränen und Hoffnung, machte Martin die Seile los, die ihn an Bobi banden, beide schwammen zusammen dem Festland zu. Martin erinnerte sich an das Geschichtsbuch in der Schule. Er dachte an den Tag, an dem er es mit Zorn auf den Boden geworfen hatte, weil er geglaubt hatte, die Geschichte sei an ihrem Ende angelangt. Wie sehr er sich geirrt hatte! Er ganz allein hatte soeben das nächste Kapitel geschrieben, das Wichtigste des ganzen Buches. Die Geschichte der Menschheit war nicht zu Ende, und seine persönliche hatte soeben erst angefangen.

11 – Ejercicio de reflexión

Los nexos son fundamentales para la comunicación, ya que expresan una relación concreta entre oraciones. Subraya en los siguientes ejemplos los nexos (las locuciones) que introducen oraciones aclaratorias.

No sabía cómo dominar el descenso, dado que no se había preparado bien para un aterrizaje de emergencia y cada vez veía más difícil alcanzar el aeropuerto...

Martín pensó en los manuales, pues había leído mucho sobre ese aeroplano...

Se apresuró en tirar de las palancas de los paracaídas con la mano izquierda, pues sabía que si esta se le congelaba, más tarde no podría hacerlo.

Se les congelaba el cuerpo por momentos, ya que estaban a muchos grados bajo cero.

GRAMMATIK Kapitel 1 - 11

Anmerkungen:

Laut den aktuellen Regeln für die Rechtschreibung empfiehlt die RAE den Gebrauch des Wortes „solo" immer ohne Akzent, egal, ob es als Adjektiv oder Adverb in Erscheinung tritt. Diese Empfehlung haben wir in diesem Buch respektiert.

Spanisch wird von ca. 400 Millionen Menschen in über 20 Ländern gesprochen. Nur 42 Millionen davon leben in Spanien, allein 40 Millionen sind es in den USA. Es gibt viele Varianten und eigene Unterschiede zwischen dem Spanisch in Spanien und Lateinamerika und in den USA, auch wenn wir alle die gleiche Sprache sprechen und uns gut verstehen. Damit Sie sich mit besonderem Wortschatz aus Lateinamerika beschäftigen können und einige lateinamerikanische Wörter lernen, haben wir uns im vierten Kapitel für eine Wortschatz-Übung entschieden. Die Grammatik kommt aber deshalb nicht zu kurz! Im Grammatikteil hinten im Buch finden Sie praktische Tipps rund um die Anwendung der Präpositionen.

1. PRETÉRITO, INDEFINIDO & PRETÉRITO IMPERFECTO

Um eine Geschichte zu erzählen, gebraucht man im Spanischen zwei Vergangenheitsformen. Mit dem **Pretérito Indefinido** erzählt man die Hauptinformationen und setzt die Geschichte in Gang:

> María *llegó, sacó* una cerveza de la nevera y *encendió* la televisión.
>
> María *kam, nahm* ein Bier aus dem Kühlschrank und *machte* den Fernseher *an*.

Mit dem **Pretérito Imperfecto** ergänzt man die Geschichte mit Hintergrundinformationen oder Beschreibungen der Situation, die nicht zum Fortschreiten der Geschichte beitragen:

María llegó. *Estaba muy cansada.* Sacó una cerveza de la nevera. *La cerveza no era suya*, sino de su compañero de piso. Luego encendió la televisión. *No hacían nada interesante.*

María kam. *Sie war sehr müde.* Sie nahm ein Bier aus dem Kühlschrank. *Das Bier gehörte ihr nicht*, sondern ihrem WG-Mitbewohner. Danach machte sie den Fernseher an. *Es gab nichts Interessantes.*

2. ADJEKTIVE & SUBSTANTIVE

1. Adjektive stimmen immer mit dem Substantiv in Geschlecht und Zahl überein:

¿De quién es el abrigo rojo?
Wem gehört der rote Mantel?

Mi madre nació en un pueblo pequeño
y con casas blancas.
*Meine Mutter ist in einem kleinen Dorf
mit weißen Häusern geboren.*

Estos zapatos me quedan un poco grandes.
Diese Schuhe sind mir ein bisschen zu groß.

¿Qué tal está la sopa? - Está muy rica.
Schmeckt die Suppe? - Sie ist sehr lecker.

2. Wenn sich ein Adjektiv auf zwei oder mehr Substantive bezieht, steht es im Plural. Haben die Substantive verschiedene Genera, steht das Adjektiv in der männlichen Pluralform:

He visto en la tienda un abrigo y
una americana muy baratos.
*Ich habe in dem Geschäft einen sehr preisgünstigen
Mantel und ein sehr preisgünstiges Sakko gesehen.*

3. DIE VERNEINUNG / LA NEGACIÓN

1. Zum Verneinen verwendet man im Spanischen das Wort **no**.

No tengo ganas de ir a la fiesta.
Ich habe keine Lust, zur Party zu gehen.

2. Auch andere Wörter können eine Aussage verneinen, z.B.

nada	*nichts*
nadie	*niemand*
ni ... ni	*weder ... noch*
ningún/ninguno/-a	*keine/r/s*
nunca	*nie*
tampoco	*auch nicht*

3. Wenn diese Wörter (außer „nada") vor dem Verb stehen, verwendet man das Wort **no** nicht. **Nada** kann generell nicht vor dem Verb stehen.

Nunca he dicho que quería casarme contigo.
Ich habe nie gesagt, dass ich dich heiraten möchte.

Ella tampoco ha comprado el pan.
Sie hat das Brot auch nicht gekauft.

148

4. Stehen diese Wörter hinter dem Verb, muss vor dem Verb ein **no** stehen:

> Ella no ha comprado tampoco el pan.
> *Sie hat das Brot auch nicht gekauft.*
>
> No sé nada del asunto.
> *Ich weiß nichts von der Angelegenheit.*

4. DIE PRÄPOSITIONEN

Die Präpositionen werden verwendet, um örtliche oder zeitliche Beziehungen zwischen Personen und Dingen herzustellen.

> Mañana voy con Ricardo al cine.
> *Morgen gehe ich mit Ricardo ins Kino.*

Einige wichtige Präpositionen sind:

> **a** *(zu, in, um)*:
> Voy a Correos. *Ich gehe zur Post.*
> Termino a las cuatro. *Ich bin um vier Uhr fertig.*

> **en** *(in, auf, bei)*:
> Vivo en Málaga. *Ich wohne in Malaga.*
> El libro está en la mesa.
> *Das Buch ist auf dem Tisch.*

con *(mit):*
Rosa vive con su madre.
Rosa wohnt mit ihrer Mutter zusammen.

de *(von, aus):*
Ha salido de casa.
Er / sie ist aus dem Haus gegangen.
Trabajo de 9 a 18. *Ich arbeite von 9 bis 18 Uhr.*

desde *(von ... aus, seit):*
Desde aquí tenemos unas vistas magníficas.
Von hier aus haben wir einen wunderbaren Ausblick.
Desde ayer no como carne.
Seit gestern esse ich kein Fleisch.

hacia *(nach, gegen):*
Voy a llegar hacia las tres.
Ich komme gegen drei Uhr an.

hasta *(bis):*
Vas hasta el semáforo y giras a la derecha.
Du gehst bis zur Ampel und biegst rechts ab.

para *(für):*
Este regalo es para ti. *Dieses Geschenk ist für dich.*

por *(wegen, durch, aus):*
Se ha casado por amor.
Er / sie hat aus Liebe geheiratet.

5. DIE STELLUNG DER OBJEKTPRONOMEN

1. Das direkte und das indirekte Objektpronomen stehen immer vor dem konjugierten Verb.

No lo sé. *Ich weiß es nicht.*
Las compro. *Ich kaufe sie (die Blumen).*

2. Wenn ein direktes und ein indirektes Objektpronomen in einem Satz stehen, steht das indirekte Objekt vor dem direkten Objekt, also genau umgekehrt wie im Deutschen:

¿Te lo ha dado ya?
Hat er / sie ihn / sie / es dir gegeben?

3. Stehen ein direktes und ein indirektes Objektpronomen in der 3. Person in demselben Satz, so wird das indirekte Pronomen **le** bzw. **les** zu **se**:

¿Se lo dirás?
Wirst du es ihm / ihr / ihnen sagen?

6. VERBEN MIT DATIV
(gustar, encantar, interesar, fascinar, aburrir, molestar,preocupar, sorprender usw.)

Eine Gruppe von spanischen Verben werden mit dem indirekten Objektpronomen *(me, te, le, nos, os, les)* verwendet. Das Subjekt stimmt mit dem Verb in der Zahl überein und steht nach ihm:

Me gustan los edificios modernos.
Mir gefallen moderne Gebäude.
Me gusta este bar. *Diese Bar gefällt mir.*

Wichtige Verben sind: gustar *(gefallen)*; encantar *(sehr gefallen)*; interesar *(interessieren)*, fascinar *(faszinieren)*; aburrir *(langweilen)*; molestar *(stören)*, preocupar *(Sorgen machen)*, sorprender *(überraschen)*:

¿Te interesan las exposiciones de arte moderno?
*Interessieren Dich die Ausstellungen
über moderne Kunst?*

Su última película me aburrió mucho.
Sein / Ihr letzter Film langweilte mich sehr.

El ruido de los vecinos nos molesta.
Der Lärm der Nachbarn stört uns.

7. PRETÉRITO, INDEFINIDO Y PRETÉRITO IMPERFECTO II

Mit dem Pretérito Indefinido setzt man abgeschlossene Geschichten in Gang, die einmalig passiert sind oder keinen Bezug mehr zur Gegenwart haben. Von daher verwendet man häufig folgende adverbiale Ausdrücke wie: ayer, la semana pasada, hace dos días, de repente usw.:

Nuestra primera nieta nació hace un mes.
Unsere erste Enkelin ist vor einem Monat geboren.
La habitación estaba a oscuras.
De repente, alguien encendió la luz.
Das Zimmer war im Dunkeln.
Plötzlich machte jemand das Licht an.

Das Pretérito Imperfecto wird gebraucht, um gewohnheitsmäßige Handlungen in der Vergangenheit und um die Handlung innerhalb einer Geschichte mit Beschreibungen zu ergänzen. Typische adverbiale Ausdrücke, die mit dem Pretérito Imperfecto verwendet werden, sind z.B. siempre, en aquella época, porque usw.:

Mi abuelo siempre fumaba un puro después de cenar. *Mein Großvater hat nach dem Abendessen immer eine Zigarre geraucht.*
Fernando no hizo el examen porque estaba enfermo. *Fernando machte die Schulaufgabe / Prüfung nicht, weil er krank war.*

8. UNVERÄNDERLICHE PARTIZIPIEN UND PARTIZIPIEN ALS ADJEKTIVE

Wenn in einem Satz eine Handlung im Pretérito Perfecto beschrieben wird, bleibt das Partizip unveränderlich.

> Mi madre se ha caído de una escalera y
> se ha roto el tobillo.
> *Meine Mutter ist von einer Leiter gefallen und
> hat sich den Knöchel gebrochen.*

Manchmal verwendet man die Partizipien aber als Adjektive. In diesem Fall stimmen sie immer in Geschlecht und Zahl mit dem Substantiv überein:

> Después de la explosión, los alumnos volvieron
> a la escuela y se encontraron con mesas
> caídas en el suelo y sillas rotas.
>
> *Nach der Explosion kehrten die Schüler
> in die Schule zurück und fanden umgefallene
> Tische auf dem Boden und kaputte Stühle vor.*

9. KONNEKTOREN

Um verschiedene Gedanken in einem Satz zu verbinden, verwendet man Konnektoren. Die folgenden drei sind die wichtigsten im Spanischen:

1. y / e und („e" steht vor Wörtern, die mit i- oder hi- beginnen):

Estudio alemán e inglés.
Ich lerne Deutsch und Englisch

2. pero *aber*

3. ni ... (ni) *weder ... noch*

10. DAS PLUSQUAMPERFEKT

Das Plusquamperfekt wird mit dem Imperfekt des Hilfsverbs haber (había, habías, había usw.) und dem Partizip Perfekt gebildet.

Man verwendet es, um Handlungen oder Ereignisse auszudrücken, die zeitlich vor anderen Handlungen oder Ereignissen geschehen sind.

Cuando llegó a casa, su hija ya se había marchado.
Als er/sie nach Hause kam, war seine/ihre Tochter schon weg gegangen.

11. KAUSALE KONJUNKTIONEN

Um Nebensätze zu bilden, braucht man Konjunktionen. Diese Elemente verbinden Haupt- und Nebensätze. Folgende Konjunktionen leiten einen Nebensatz ein, der die Folge der Aussage im Hauptsatz darstellt. Diese sind einige davon:

dado que (da)
Dado que tenía clase a las ocho de la mañana,
se levantó muy temprano.
*Da er / sie um acht Uhr morgens Unterricht hatte,
stand er / sie sehr früh auf.*

ya que (da, weil)
Mi hermana no irá con nosotros de vacaciones, ya
que en verano espera a su segunda hija.
*Meine Schwester wird nicht mit uns Urlaub
machen, weil sie im Sommer ihre zweite
Tochter erwartet.*

pues (da, denn)
No puedo pagarte la deuda todavía, pues
aún no he cobrado mi sueldo.
*Ich kann dir die Schulden noch nicht bezahlen,
denn ich habe mein Gehalt noch nicht bekommen.*

Lösungsvorschläge Kapitel 1-11

1 – Ejercicio de reflexión

Los verbos que hacen que la acción avance y siga adelante aparecen marcados en gris, y los que tienen una función descriptiva aparecen en lila:

A las 6:30h sonó el despertador. Martin lo apagó de un golpe como hacía siempre. Abrió los ojos y observó el techo sobre él: parecía pintado a rayas...

No conseguía apartar los ojos de esas nubes que parecían hipnotizarle. El sol salió de repente con mucha fuerza, le cegó los ojos. Se esforzó por aguantar la mirada y mantenerlos abiertos para ver las nubes, pero el sol – tal era su intensidad – llenó toda la habitación de blanco...

Finalmente, Martín se rindió y dejó de mirar. Se sujetó a su perro y cerró sus ojos tan fuerte como pudo. El iPod pitó, era el sonido de aviso de una cita: las 16h, hora de la cita con el ortodoncista. Martín se despertó y su perro Bobi le lamió el corte de la cara. Se observó a sí mismo, viéndose aún tumbado en el suelo de su habitación.

2 – Ejercicio de reflexión

Otras posibilidades aparecen en verde:

Reinaba el silencio y el desorden: libros dañados (la radio dañada), hojas arrugadas (el papel arrugado), bolígrafos rotos (la goma rota), carpetas vacías (el archivador vacío), mochilas solitarias (el bolso solitario) y bocadillos secos (la fruta seca), todo ello esparcido por el suelo y las mesas. Todo (Todas las cosas) estaba desordenado (desordenadas), olvidado (olvidadas) y al parecer abandonado (abandonadas).

3 – Ejercicio de transformación

Párrafo original:

Lo mejor era no escribir nada de nada sobre una rutina tan estúpida. Nadie iba a leerlo tampoco jamás. El día que él muriera se acabaría todo. Enfurecido cerró el libro de historia y sacó el de inglés; lo abrió por la primera página y leyó, lo que nunca nadie lee, la introducción.

Una posibilidad de transformación es la siguiente:

Lo peor era (no) escribirlo todo sobre una rutina tan fantástica. Todo el mundo iba a leerlo cada día. El día que él muriera empezaría todo. Feliz abrió el libro de historia y metió el de inglés. Lo había cerrado por la última página. No leyó, lo que todo el mundo siempre lee, la conclusión.

4 – Ejercicio sobre las variantes del español

Párrafo original:

... sintió un deseo enorme de conducirlo, sonrió de nuevo, ya nada ni nadie podría impedírselo. Martín tomó un montón de revistas del automóvil y un manual de autoescuela para preparar el carnet de conducir y los metió en su mochila. Hacía meses que su amigo Jan y él estaban leyendo el manual de conducción de la hermana mayor de Jan, los dos amigos soñaban juntos con llevar coches veloces y esperaban impacientes a que llegara el día, en el cual, ellos mismos podrían sentir el tacto de un volante entre sus dedos.

Una posibilidad de transformación del texto al español de América Latina:

... sintió un deseo enorme de <u>manejarlo</u>, sonrió de nuevo, ya nada ni nadie podría impedírselo. Martín tomó un montón de revistas del automóvil y un manual de autoescuela para preparar la <u>licencia para manejar</u> y los metió en su mochila. Hacía meses que su amigo Jan y él estaban leyendo el manual de <u>manejo</u> de la hermana mayor de Jan, los dos amigos soñaban juntos con llevar <u>autos (carros)</u> veloces y esperaban impacientes a que llegara el día, en el cual, ellos mismos podrían sentir el tacto de un volante entre sus dedos.

5 – Ejercicio de reflexión

En verde los sustantivos a los que se refiere el complemento directo y en azul a los que se refiere el indirecto:

... *pisó el freno inmediatamente, tan fuerte como pudo, por un momento pensó que su pie traspasaría el suelo del coche y lo (el pie)(CD) perdería con la fricción contra el asfalto.*

Seguidamente los(los coches)(CD) robaban o los (los coches)(CD) tomaban prestados a sus dueños para vivir sus aventuras. Los (los coches)(CD) hacían suyos completamente. Y a pesar de no tener las llaves, los dominaban durante minutos, horas o días según la hazaña a realizar. Además, no se (a los dueños de los coches)(CI) los (los coches)(CD) devolvían jamás.

Recordó a Jan, su mejor amigo, siempre tan ordenado y generoso con él, con gusto le(a Martín) (CI) prestaba siempre la goma, el bolígrafo, la regla sin cuestionarle nada, a veces incluso llevaba gomas y bolígrafos de repuesto porque ya sabía que Martín se los (los bolígrafos y las gomas) (CD) olvidaba siempre en casa.

...un sudor frío bajó por su frente, le (a Martín)(CI) mojó los cortes de la cara y le (a Martín)(CI) provocó dolor. Se (a Martín)(CI) lo (el dolor) (CD) provocó rápido y a modo de pinchazo...

6 – Ejercicio de transformación

Eres el sujeto:

No me resultaba fácil comprender la técnica, ni me vi capaz de manejarlo, pero sentí una nueva inquietud: producir electricidad, a partir de ese momento sería mi próximo reto. Me gustaban los retos.

Nuevos acontecimientos inesperados —como el del camión volcado— podían costarme demasiado caros.

Solo me quedaba la fruta fresca de los árboles, el azúcar, el cacao y la leche en polvo. También tenía la posibilidad de comer los platos precocinados deshidratados, como sopas y puré de patata, todo ello debía combinarlo con agua fresca si quería seguir sano.

—¡Bravo! —grité—, me parece que tengo la solución…

7 – Ejercicio de transformación

Párrafo original:

Cuando se levantaba por la mañana, jugaba con sus pensamientos y se hacía trampas a sí mismo; intentaba olvidar su nueva situación por unos instantes, pensaba que si ocupaba su mente con los hábitos del pasado, este un día volvería a aparecer. Pero no aparecía...

Párrafo transformado:

Aquel miércoles, se sintió triste justo al despertarse, jugó con sus pensamientos y se hizo trampas a sí mismo; intentó olvidar su nueva situación por unos instantes, pensó que si ocupaba su mente con los hábitos del pasado, este un día volvería a aparecer. Pero no apareció...

8 – Ejercicio de transformación

~~Los fuertes vientos~~ El fuerte viento ~~habían~~ colocado a su antojo ~~objetos~~ un objeto por ~~todas partes~~ una parte: ~~ramas de árboles caídas~~ una rama de árbol caída, ~~contenedores de basura estropeados~~ un contenedor de basura estropeado, ~~neumáticos sueltos~~ un neumático suelto, ~~señales de tráfico rotas~~ una señal de tráfico rota, ~~maderas partidas~~ una madera partida, ~~cajas~~ una caja, ~~bolsas~~ una bolsa, un letrero, ~~letreros~~ y un residuo de una clase ~~residuos de toda clase~~.

9 – Ejercicio de reflexión

La relación de oposición aparece marcada en gris y la de adhesión en verde:

Nevaba con intensidad y el chico sintió hambre y frío, resignado y triste volvió a la casa y comió restos de puré…

Volver sin Bobi era cruel y el corazón se le encogía, pero su cuerpo reclamaba entrar en calor y comer algo en buen estado.

—Nos vamos Bobi, nos vamos, lo tengo todo bajo control; bueno… bajo control… no sé, quizá exagere un poco, pero nos vamos. Volaremos juntos, hacia el calor, hacia la vida.

Se acercó a la puerta, entró y miró las escaleras hacia el sótano. No las bajó, pero los recuerdos le invadieron: el quirófano, los restos orgánicos…

No leyó la letra pequeña de las instrucciones, ni la grande tampoco, ni siquiera las miró.

10 – Ejercicio de transformación

Párrafo original:

Arrancó el avión, activó la configuración de despegue y puso los motores a plena potencia. Gas y más gas, llegó a los 240 km/h, era el momento, no podía detenerse, ni pensar, ni meditar, ni tan solo parpadear y... ¡lo hizo! Tiró de la palanca de mando en el momento exacto y la rueda delantera del aeroplano —situada debajo del morro del avión— dejó de tocar el suelo: ¡¡¡volaban!!!

Párrafo transformado

Había arrancado el avión, y había activado la configuración de despegue y había puesto los motores a plena potencia. Gas y más gas, había llegado a los 240 km/h, había llegado el momento, no podía detenerse, ni pensar, ni meditar, ni tan solo parpadear y... ¡lo había hecho! Había tirado de la palanca de mando en el momento exacto y la rueda delantera del aeroplano —situada debajo del morro del avión— había dejado de tocar el suelo: ¡¡¡volaban!!!

11 – Ejercicio de reflexión

No sabía cómo dominar el descenso, dado que no se había preparado bien para un aterrizaje de emergencia y cada vez veía más difícil alcanzar el aeropuerto...

Martín pensó en los manuales, pues había leído mucho sobre ese aeroplano...

Se apresuró en tirar de las palancas de los paracaídas con la mano izquierda, pues sabía que si esta se le congelaba, más tarde no podría hacerlo.

Se les congelaba el cuerpo por momentos, ya que estaban a muchos grados bajo cero.

Danksagung

Gracias a Jordi por alimentar la obra en forma de inspiración y por sus magníficas ideas y aportaciones gráficas.

Gracias a Tom por facilitar sus conocimientos técnicos y por ponerlos al alcance de la mano del lector (y del autor).

Gracias a Montserrat por su estupenda aportación gramatical que complementa la obra y la convierte en un práctico instrumento de aprendizaje.

Gracias a Paulino por su humor y por mantenerme a raya. Por recolocar mi texto, cuando este se desviaba del camino, dentro de las fronteras que la RAE le da a nuestro idioma.

Y por último un especial agradecimiento a Maria por creer en mí. Gracias por el color y sabor que ha puesto a nuestro día a día durante el desarrollo de SOLO. El mérito de convertir un proyecto difuso una hermosa realidad es exclusivo de Maria.

Reflexión

aprender idiomas es como vivir...

solo arriesgando se aprende

solo cometiendo errores se encuentra el camino
para avanzar.

aceptar el error, corregirlo, aprender de él
nos lleva a encontrar el acierto.

sin riesgo, no hay error... ni acierto.

Inhaltsverzeichnis

171